AF590521

TRIDUUM

EN L'HONNEUR DU BIENHEUREUX

J.-B. DE LA SALLE

Célébré en l'église St-Maurice, à Lille,

les 6, 7 et 8 juillet 1888.

COMPTE-RENDU DES FÊTES,

PANÉGYRIQUES DU BIENHEUREUX

Imprimerie de Saint-Augustin, Lille. 1888.

TRIDUUM

EN L'HONNEUR DU BIENHEUREUX

J.-B. DE LA SALLE

Le Bienheureux J.-B. de la Salle, fondateur des Frères des Écoles chrétiennes.

TRIDUUM

EN L'HONNEUR DU BIENHEUREUX

J.-B. DE LA SALLE

Célébré en l'église St-Maurice, à Lille,

les 6, 7 et 8 juillet 1888.

COMPTE-RENDU DES FÊTES,

PANÉGYRIQUES DU BIENHEUREUX

Imprimerie de Saint-Augustin, Lille. 1888.

AUX AMIS DES FRÈRES DES ÉCOLES CHRÉTIENNES

ET A LEURS ANCIENS ÉLÈVES.

L'empressement avec lequel vous avez participé aux solennités du Triduum, nous a fait penser que nous vous serions agréable en vous offrant ces pages comme souvenir de ces pieuses manifestations.

En recueillant les saints enseignements qui vous ont été présentés alors, nous avons voulu particulièrement vous procurer le moyen de savourer à votre gré, par une lecture attentive, les charmes que vous avez goûtés en les entendant tomber avec éloquence du haut de la chaire.

Nous sommes persuadé que, vous surtout, anciens élèves des Frères, vous y trouverez lumière, courage et confiance, pour la part de luttes et d'épreuves que chaque jour vous apporte. Vous pourrez ainsi réaliser plus facilement, en ce qui vous touche, ce texte d'un éloquent panégyriste du Bienheureux: « Corona senum filii filiorum, et filii eorum gloria patrum. » (Prov. 17, 6.)

TRIDUUM EN L'HONNEUR

du Bienheureux J.-B. DE LA SALLE.

E 19 février 1888, le Vicaire infaillible de JÉSUS-CHRIST, l'immortel Léon XIII, élevait aux honneurs de la béatification le Vénérable serviteur de DIEU Jean-Baptiste de la Salle. Ce fut un grand jour pour l'Église, ce fut surtout, selon l'expression même du Saint-Père, un grand jour pour la France.

On sait quel religieux enthousiasme produisit dans l'univers catholique, et particulièrement en France, cette glorification de l'humble Fondateur de l'Institut des Frères des Écoles chrétiennes.

La ville de Lille n'a pas voulu être la dernière de nos grandes villes à offrir son tribut d'hommages au bienfaiteur de l'enfance. Au contraire, elle a saisi avec joie cette occasion exceptionnelle pour exprimer bien haut son attachement et sa reconnaissance envers les humbles Frères qui, depuis soixante-dix ans, se dévouent, chez elle, à l'œuvre si importante, et aujourd'hui si menacée, de l'éducation chrétienne.

Heureux de seconder ce pieux mouvement, qui répondait si bien d'ailleurs à son plus vif désir, le clergé de la ville offrit immédiatement son indispensable concours. D'un autre côté, cette honorable initiative était approuvée et encouragée, de la manière la plus bienveillante, par Monseigneur l'Archevêque de Cambrai. Malgré sa fatigue extrême et sa santé profondément altérée, Sa Grandeur promit d'officier elle-même pontificalement l'un des jours du Triduum. Bien que le saint prélat se fût déjà engagé, de la même manière, pour les Triduums de Cambrai et de Tourcoing, il ne voulut pas moins faire pour Lille, heureux de donner aux Frères des Écoles chrétiennes cette nouvelle marque de sa vive sympathie pour leur œuvre,et de sa profonde piété envers leur saint fondateur.

Sous d'aussi puissants auspices,le succès d'un Triduum solennel était dès lors assuré, Il fut aussitôt fixé aux 6, 7 et 8 juillet. La vaste église Saint-Maurice fut gracieusement offerte pour les cérémonies religieuses par M. l'archiprêtre de cette paroisse, et un comité, dont nous ne saurions assez louer le zèle et la générosité, fut créé pour l'organisation de tout ce qui pourrait contribuer à rehausser la pompe de ces grandes solennités.

Il est à peine utile de faire remarquer que, pour honorer le serviteur de DIEU comme l'Église veut qu'on honore ses saints, les fêtes de la Béatification ont eu ici un caractère exclusivement religieux.

Le dimanche 1er juillet, dans la chapelle du pensionnat N.-D. de la Treille et St-Pierre, en présence des anciens élèves de cet établissement accourus à leur réunion annuelle, M. l'abbé Hennousse, par une éloquente allocution, préludait aux solennités du Triduum. Dans un langage où la plus solide doctrine se revêt avec grâce et noblesse des plus belles formes littéraires, l'éminent aumônier du Pensionnat met en vive lumière les enseignements que comportent, pour notre temps, la vie et l'œuvre du Bienheureux. En présence d'un auditoire de jeunes hommes entrant dans la virilité de l'âge, il s'attache surtout à tirer des grands exemples de son héros la ligne de conduite que les chrétiens de leur condition doivent suivre en face de notre situation religieuse et sociale.

Bien que ces pages magistrales n'appartiennent pas aux exercices mêmes du Triduum, nos lecteurs nous sauront gré de les avoir insérées ici. Les discours qu'ils ont entendus à St-Maurice, et qu'ils retrouveront plus loin, ne pouvaient avoir une introduction plus éloquente et plus belle.

A SAINT-MAURICE.

PAR une heureuse coïncidence, l'église Saint-Maurice, qui s'imposait naturellement pour les solennités du Triduum, à raison de l'étendue de son enceinte, est encore celui de nos édifices religieux qui offre le plus de ressources au point de vue décoratif.

Son style ogival, l'harmonie de ses proportions, la bonne distribution de la lumière, l'ensemble imposant de ses cinq nefs, tout peut y concourir à la grandeur et au merveilleux éclat d'une intelligente et riche décoration. Ces précieux avantages viennent d'être mis en relief de la manière la plus heureuse, et jamais, assurément, l'église Saint-Maurice ne s'est vue aussi splendidement parée.

En pénétrant dans l'église par le grand portail orné de somptueuses draperies, on est vraiment saisi d'admiration. Les dômes, les oriflammes, les guirlandes et les écussons distribués avec art dans les vastes nefs ; l'ampleur et la beauté des tentures, la variété des couleurs, l'harmonie des tons, la hardiesse et la légèreté de toutes les parties du décor, tout contribue à l'ensemble le plus riche et le plus imposant.

Dans ce cadre si frais, si grandiose et si beau, ce qui captive bientôt tous les regards, c'est l'immense toile dominant le maître-autel et représentant l'apothéose du Bienheureux. Cette toile à la détrempe ne mesure pas moins de six mètres de largeur, et s'élève de l'autel jusqu'à la voûte du chœur, où se perdent les armoiries de l'Institut des Frères det Écoles chrétiennes. Cette œuvre est due au pinceau habile et inspiré de l'un des fils du Bienheureux de la Salle. Malgré ses énormes proportions, elle est parfaitement réussie ; l'effet qu'elle produit est réellement imposant ; aussi, pendant toute la durée des fêtes, elle ne cesse de parler avec éloquence aux foules qui viennent sans interruption vénérer et prier le nouveau protecteur de l'enfance.

Il est vrai que le pieux artiste a été assez heureux pour donner une vive expression à son sujet. L'attitude du Bienheureux est bien celle qu'inspire la foi au juste paraissant devant « le DIEU qui juge les justices mêmes. » Sa vie a été une vie de sacrifice et d'humiliation, et il semble encore agenouillé au sein de la nue sur laquelle les anges l'élèvent aux cieux. Une constante pratique de la prière joint encore ses mains suppliantes ; et si l'expression de la confiance et de l'amour est vivante dans ses traits, l'héroïque vertu qui s'ignore elle-même n'en a point banni complètement le souffle d'une sainte crainte, compagne inséparable de l'humilité. Autour du serviteur de DIEU les anges proclament ses vertus, ses travaux et sa gloire. Ils déroulent en banderoles flottantes les textes de nos saints livres qui furent l'inspiration de sa vie, et ils volent triomphalement vers les cieux en chantant l'*Ecce fidelis servus*.

Si cette splendide toile nous montre le pieux héros que Léon XIII vient de glorifier, tout, dans l'ornementation de la vaste église, nous rappelle l'histoire de sa vie et celle de son œuvre.

Dans le chœur et dans la nef principale, ce sont les armoiries de son illustre famille, celles du célèbre chapitre de Reims et de l'humble Institut des Frères des Écoles chrétiennes. Dans les trophées de drapeaux qui rayonnent de ces riches armoiries, dominent partout les couleurs du Très-Saint-Sacrement et du Saint-Père, tandis que celles du noble gentilhomme et de son œuvre se dissimulent modestement. On ne pouvait mieux marquer, d'une part, l'humilité du serviteur de DIEU et celle de sa famille religieuse, de l'autre, l'attachement du prêtre romain à la chaire de Pierre et son culte particulier pour l'Hôte divin de nos saints tabernacles. C'est la même inspiration qui a fait dominer dans les nefs latérales, c'est-à-dire au second plan, comme il convenait, les chastes couleurs de la Vierge, à qui le Bienheureux de la Salle consacra sa personne, sa vie et sa congrégation naissante.

Aux chapiteaux des colonnes de la grande nef flottent des oriflammes de pourpre sur lesquelles brillent, en lettres d'or, les huit Béatitudes. C'est encore un abrégé fidèle de la vie du Bienheureux. Qui en effet fut plus que lui *pauvre*, *doux*, *pacifique*, *miséricordieux ;* qui eut plus *faim* et *soif*, non seulement de la *justice*, mais de son extension et de son règne ici-bas ; qui *châtia* davantage *son corps pour le réduire en servitude ;* qui, avec plus de courage, *sema dans les larmes* sans entrevoir même *l'allégresse des moissons;* qui surtout, jusque dans les *bras de la mort*, *souffrit comme lui persécution pour la justice.* Pour encadrer le vaisseau de la même nef, de longues guirlandes de roses et de feuillage, tantôt courent en gracieux festons, tantôt s'inclinent et se relèvent pour soutenir d'élégantes corbeilles de fleurs. On admire surtout les magnifiques bouquets suspendus entre les colonnes du chœur. Ils sont en effet d'une beauté, d'une fraîcheur d'un éclat ravissant et accusent, chez l'artiste dont ils sont l'ouvrage, un talent, un goût et une patience qui feraient honneur à un enfant de saint Benoît. Ces guirlandes et ces fleurs ont aussi leur signification : elles symbolisent l'éternel triomphe après les rudes labeurs d'ici-bas.

Aux gros piliers du transept, quatre grands écussons nous disent, à leur manière, d'un côté, l'étendue considérable de l'œuvre du Bienheureux à l'heure présente, de l'autre son extension particulière dans notre région. Deux de ces grands écussons portent les armoiries des nations du monde entier chez lesquelles les disciples de J.-B. de la Salle sont aujourd'hui répandus. Un simple coup d'œil nous apprend comment DIEU a rendu universelle l'œuvre admirable du prêtre romain. En effet, nous voyons, autour des armes des nations européennes, se ranger celles de la Chine, de la Cochinchine, des États-Unis, du Canada, de l'Équateur, du Chili, de l'Égypte, de la Tunisie, voire même de Taïti. Détail curieux, et qui montre avec quelle intelligence on a voulu que tout, dans la maison de DIEU, publiât la gloire de son serviteur, les nombreux drapeaux qui surmontent ces écussons sont aux couleurs des différentes nations représentées là par leurs armes.

Les deux autres blasons sont aux chiffres des villes du district de Cambrai où les Frères des Écoles chrétiennes se dévouent actuellement à l'éducation des enfants du peuple. Vingt-quatre cités du Nord y figurent, rendant, elles aussi, leur tribut d'hommages à l'immortel Bienfaiteur de leurs enfants.

La décoration de la nef principale est complétée par les riches tentures qui ornent la chaire ainsi que les longues stalles du chœur, et par le magnifique trône pontifical élevé près du maître-autel.

Dans les nefs latérales, autour de frais écussons, flottent partout les couleurs de la Vierge, celles du St-Père, du Bienheureux et de l'Institut des Frères. De chaque côté de l'église, brillent cinq magnifiques couronnes formées de guirlandes de roses aux feuilles d'or. Ces couronnes rappellent, en lettres d'argent et en chiffres d'or, les faits et les dates mémorables de la vie du Fondateur des Écoles chrétiennes.

Dans le transept, à l'autel dit du *Calvaire*, une belle et grande peinture symbolique nous montre le Bienheureux présenté par les anges à JÉSUS-CHRIST dans sa gloire. Deux anges portent le ciboire et l'étole, emblèmes du sacerdoce ; un autre élève le chapelet dont le Bienheureux a armé ses disciples, tandis qu'un quatrième tient ouvert entre ses mains, et présente au Fils de DIEU, le livre des Règles et Constitutions de son Ordre. Cette toile, comme celle du maître-autel, est sortie du pinceau religieux d'un Frère des Écoles chrétiennes. L'amour filial a su également inspirer le peintre ; et si la première œuvre provoque davantage l'admiration, celle-ci excite plutôt la confiance. Elle nous montre le Bienheureux au moment où le CHRIST agrée les œuvres de son apôtre, et prononce sur lui la sentence de vie. Rassuré sur son sort, l'élu du Seigneur tend les bras vers la terre, ouvre les mains et semble déjà répandre les bienfaits de sa protection sur ceux qui l'invoquent.

Cette œuvre est bien de nature à accroître la piété de la foule qui, trois jours durant, ne cessera de se renouveler au pied de cet autel où les reliques du Bienheureux seront exposées à la vénération des fidèles.

Les quatre colonnes qui forment cette partie du transept sont ornées d'écussons surmontés de la tiare. Encore une page historique pour l'Institut des Frères des Écoles chrétiennes. Ce sont les armes de Benoît XIII, qui approuva l'Institut en 1724; de Grégoire XVI, qui, en 1840, proclama J.-B. de la Salle Vénérable; de Pie IX, qui reconnut l'héroïcité de ses vertus en 1873 ; et enfin de Léon XIII, dont la voix infaillible vient de prononcer la béatification du serviteur de DIEU.

Comme on peut en juger par cette pâle description, la décoration de l'église St-Maurice pour les solennités du Triduum en l'honneur du Bienheureux de la Salle, a été conçue et réalisée avec autant d'intelligence que de goût. Chose merveilleuse, si, en franchissant le seuil de ce vaste édifice si richement paré, l'âme la plus indifférente est saisie d'un sentiment de foi, de respect et d'admiration, l'esprit le plus saintement curieux n'est pas moins ravi, en descendant jusqu'aux moindres détails, de trouver partout un enseignement ou une signification.

Honneur en soit rendu aux fils du Bienheureux de la Salle, car, nul ne l'ignore, la meilleure partie de cet ouvrage est la leur. Seule d'ailleurs, la piété filiale sait trouver et exprimer des secrets aussi délicats et aussi pieux pour fêter un Père que l'univers catholique acclame, et que l'Église élève aux honneurs suprêmes des autels.

JEUDI SOIR, 5 JUILLET

OUVERTURE DU TRIDUUM.

UN salut solennel, précédé d'une allocution par le R. P. Jonas, de la Compagnie de JÉSUS, ouvre le Triduum en l'honneur du Bienheureux J.-B. de la Salle.

Avant sept heures et demie, une foule considérable occupe la grande nef et les bas-côtés de l'église, et ne peut se lasser d'en admirer la splendide décoration. On remarque bon nombre d'ecclésiastiques dans les stalles et dans les différentes parties de l'édifice. Environ quatre-vingts Frères des Écoles chrétiennes se sont groupés devant le chœur, tandis que derrière eux, ont pris place quelques députations des écoles catholiques.

Le chant du *Salve Regina*, à quatre voix, de Mazingue, prélude à cette première cérémonie. Nous admirons particulièrement le caractère à la fois religieux et artistique de cette œuvre, rendue d'ailleurs avec âme et talent par la section chorale du pensionnat Notre-Dame de la Treille et St-Pierre.

Sans faire le panégyrique du Bienheureux, le R. J. Jonas a vraiment charmé son auditoire. Dans un discours plein de vie et surtout d'actualité, il a fait ressortir l'importance et la haute signification du Triduum, qu'il a présenté, à la grande satisfaction de ses auditeurs, dont il exprimait la pensée, comme un acte de foi, un acte de reconnaissance et un acte de patriotisme. Telle a été la division de ce discours véhément et hardi. En le développant, l'orateur a exalté le dévouement des Frères et célébré leur œuvre ; mais il a surtout protesté vigoureusement contre l'injuste persécution dont l'école chrétienne est aujourd'hui l'objet. Nous regrettons de ne pouvoir reproduire ici cette énergique improvisation de l'éminent Jésuite.

Nous voudrions parler de chacun des beaux chants qui, durant le salut, ont charmé l'assistance et ravivé sa foi. Disons au moins que l'*Ave Maria* d'Arcadet nous a rappelé délicieusement la pieuse et suave harmonie d'un autre âge, que l'*Iste Confessor* en plain-chant harmonisé, de M. J. Deplantay, a mis on ne peut mieux en relief les richesses du chant grégorien, et que l'*O Salutaris* de Lesueur est d'une expression et d'un effet ravissants. Nous avons goûté particulièrement ce dernier morceau, dans lequel la voix harmonieuse et puissante du soliste est suivie en sourdine, dans toutes ses modulations, par un chœur nombreux d'enfants habilement dirigé par un Frère des Écoles chrétiennes. N'était-ce pas en effet comme une gracieuse image de la prière ardente du Bienheureux, intercédant au ciel pour ces centaines de milliers de jeunes âmes à qui ses fils, suivant son exemple, apprennent sur la terre à prier et à servir DIEU ?

Pendant ces chants si pieux, la foule est on ne peut plus recueillie. L'illumination resplendissante de l'autel, la grande figure du Bienheureux qui paraît s'élever dans la gloire, forment un magnifique tableau qui ravit l'âme et l'emporte vers DIEU sur les ailes de l'admiration. Aussi les voûtes de la maison de DIEU ont redit depuis longtemps les derniers accords de l'orgue, que de nombreux fidèles ne peuvent encore s'arracher à leur prière et à leur ravissement, au pied de la brillante image du Bienheureux.

Cette première cérémonie nous permet d'affirmer, dès maintenant, que le Triduum en l'honneur du protecteur de l'éducation chrétienne, aura, à Lille, un éclatant succès.

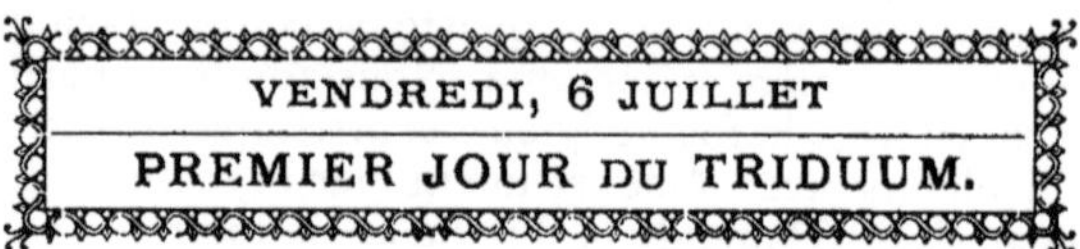

DÈS six heures du matin, une première messe de communion réunissait au pied de l'autel une pieuse assistance. Une heure plus tard, la nef principale se remplissait des nombreuses députations de nos écoles catholiques des paroisses du Sacré-Cœur, de N.-D. de Consolation, N.-D. de Fives, St-Maurice-des-Champs, St-Martin d'Esquermes, St-Pierre-St-Paul, St-Sauveur et St-Vincent de Paul.

Malgré un long trajet, bon nombre de ces enfants étaient venus à jeun, afin de pouvoir offrir au Bienheureux de la Salle l'hommage d'une fervente communion faite en son honneur, et de gagner ainsi l'indulgence plénière accordée par le Saint-Père, à l'occasion du Triduum. Commencé par un sacrifice, ce pèlerinage matinal ne peut manquer d'être édifiant. Le souffle d'une vive piété plane vraiment sur cette intéressante jeunesse réunie là, sous les regards émus de ses maîtres. Avec quelle ferveur et quelle confiance n'invoque-t-elle pas le nouveau protecteur que l'Église vient de lui donner ! Il nous semble qu'au sein de cette atmosphère de foi, de piété, d'innocence, l'âme la moins soucieuse de la grande œuvre de l'éducation chétienne serait elle-même arrachée à son indifférence et ferait monter, elle aussi, sa prière vers DIEU, en faveur de cette cause si chère et de nos jours si persécutée.

Après l'évangile le R. P. Henry, de l'Ordre du T.-S. Rédempteur, fait aux enfants une allocution aussi pieuse que solide, aussi pleine d'onction que d'utiles enseignements. On sait du reste quel irrésistible ascendant ce fils zélé de S. Alphonse, exerce particulièrement sur les jeunes auditoires. Avec cette délicatesse et cet à-propos qu'on lui connaît, il exhorte ces jeunes âmes au fidèle accomplissement de tous leurs devoirs religieux, en s'appuyant sans cesse sur les leçons ou les exemples du Bienheureux de la Salle. En terminant, son expérience des âmes lui fait ramener toute l'économie de la vie chrétienne à la pratique assidue et fervente des sacrements, surtout à la fréquentation de la divine Eucharistie, source et aliment de toute vertu durable. Que d'habiles et heureux rapprochements le pieux orateur fait, à ce sujet, entre ses chers auditeurs et l'admirable modèle qu'ils viennent honorer ! Aussi que de bons sentiments, que de généreuses résolutions un tel discours a-t-il dû produire ou fortifier dans ces âmes si fraîches et si bien disposées! A la suite de cette vive allocution, si parfaitement en harmonie avec la circonstance, les communions, très nombreuses, ont été on ne peut plus édifiantes.

A dix heures, la vaste église réunissait pour la grand'messe les jeunes et nombreuses phalanges des paroisses que nous avons citées plus haut, mais toutes au grand complet cette fois. De plus, nous remarquons dans la nef principale les rangs pressés du pensionnat N.-D. de la Treille et St-Pierre et de l'École de commerce, tandis que, dans les bas-côtés, ont pris place de fort belles députations de la plupart des institutions scolaires tenues à Lille par les religieux et religieuses de tous Ordres.

Les fidèles accourus à cette solennité furent invités à se reléguer un peu partout dans l'église, et durent, ce jour-là ainsi que le lendemain samedi, laisser les meilleures places aux enfants venant tour à tour honorer celui qui est plus particulièrement leur protecteur et leur patron.

Le saint sacrifice fut célébré solennellement par Mgr Hautcœur, prélat de la Maison de Sa Sainteté et chancelier des Facultés catholiques de Lille. En répondant avec bonheur à l'invitation des Frères, Mgr Hautcœur voulait apporter sa part d'hommages au Bienheureux de la Salle, et donner à ses disciples ce gracieux témoignage de sa haute sympathie. Malgré les exigences du ministère paroissial, bon nombre, d'ecclésiastiques, en habit de chœur, occupent les stalles. Le clergé régulier est également représenté.

La section chorale du Pensionnat N.-D. de la Treille et St-Pierre, que nous avions déjà admirée la veille, a exécuté la messe du 6e ton en plain-chant harmonisé.

A l'issue de la messe, de longues files d'élèves se répandent en bon ordre dans toutes les directions. Il est bientôt midi. C'est une des heures où la ville est le plus animée. Les groupes d'enfants causent et font encore plus causer. Les mots de Triduum, de Bienheureux, sont bientôt dans toutes les bouches. On veut aller à St-Maurice, dont on dit, depuis hier, de si belles choses ; la grâce attend au pied de l'autel ceux que la curiosité seule va d'abord y conduire ; et c'est ainsi que DIEU permet que les plus indifférents eux-mêmes redisent le nom et publient la gloire de son fidèle serviteur.

A trois heures l'église se remplit, pour la seconde fois, des enfants de nos écoles. Nous en pourrions compter peut-être plus de trois mille. Pourtant, à part celles de St-Sauveur, il n'y a là que les écoles du Nouveau-Lille; les autres,non moins nombreuses, auront leur tour demain.

Le clergé de la paroisse St-Sauveur avec son vénéré doyen, M. le chanoine Lecocq, préside les vêpres. M. l'abbé Leporcq, dont on connaît le talent musical, dirige la maîtrise de la même paroisse. Comme on le voit, c'est particulièrement St-Sauveur qui veut ce soir fêter le Bienheureux. Disons de suite qu'il le fait de la manière la plus brillante. Exécuté en faux bourdon, avec une netteté et une précision parfaites, par un chœur bien composé, le chant des psaumes a revêtu un caractère vraiment solennel. Ainsi interprétés, les accents du prophète ne peuvent manquer d'aller à l'âme et de l'émouvoir profondément, surtout lorsque, dans des versets comme ceux du *Beatus vir* par exemple, ils s'appliquent si bien à celui qu'une assistance pieuse et recueillie vient glorifier. Pendant le salut qui a suivi immédiatement les vêpres, nous avons beaucoup goûté le magnifique *Lauda Sion*, parfaitement exécuté par la maîtrise, et dont la mélodie enthousiaste était bien en harmonie avec la prière vive et ardente d'un petit peuple tout plein de vie. Quant au délicieux *Inviolata*, il nous a valu l'agréable surprise d'apprécier le talent musical de M. Détournay. Jusqu'ici nous ne connaissions M. Détournay que par sa généreuse et active coopération à toutes les bonnes œuvres, et en particulier à celle des écoles catholiques ; aussi avons-nous été très heureux de lui voir, en cette occasion, joindre pour honorer le Bienheureux de la Salle, l'hommage d'un beau talent à celui d'un zèle non moins admirable. Après le salut un cantique de circonstance, chanté à l'unisson par ce peuple d'enfants, fait retentir les voûtes du nom à jamais béni du « véritable ami de l'enfance. » Un interminable cordon de pieux fidèles et de jeunes écoliers se déroule ensuite devant l'autel latéral,où sont exposées les reliques du Bienheureux. Tous viennent les baiser respectueusement en achevant leur prière au glorieux protecteur du jeune âge.

L'office du soir amène à St-Maurice une affluence plus considérable encore que celle de la veille. Après le chant du *Salve*

Regina, le R. P. Jutteau, de l'Ordre des Frères Prêcheurs, prononce le panégyrique du Bienheureux. Appliquant à son héros cette parole de nos saints Livres. « *Si le grain de froment ne tombe en terre et ne meurt, il demeure stérile,* » l'orateur, dans un langage vraiment apostolique, montre que J.-B. de la Salle, pour réaliser l'œuvre admirable que DIEU attendait de lui, a dû d'abord tomber en terre, c'est-à-dire être humble ; puis mourir, c'est-à-dire être sacrifié, ou plutôt crucifié, à l'exemple de son divin Maître. L'histoire du Fondateur des Frères des Écoles chrétiennes fournit à son panégyriste les arguments les plus nombreux et les plus convaincants pour l'exposé de sa double proposition. Le lecteur trouvera plus loin, *in extenso*, le beau et solide discours du pieux Dominicain. Le salut a été chanté par la section chorale du Pensionnat N.-D. de la Treille et St-Pierre : c'est dire que cette partie de la cérémonie a été parfaite. Du reste, la foule pressée dans les cinq nefs de l'église, après avoir été durant trois quarts d'heure sous la salutaire influence de la parole de DIEU, semblait sentir le besoin et goûter le bonheur de la prière. Il est vrai d'ajouter que tout y invitait l'âme. Au-dessus du tabernacle étincelant de lumière et richement orné, le radieux ostensoir appelait éloquemment à l'adoration de Celui dont la grâce et l'amour seuls font les justes et les saints. Derrière l'autel, l'image du Bienheureux, resplendissant au sein de la gloire céleste et dans l'attitude de l'extase, semblait, en intercédant pour ce peuple fidèle, lui montrer en même temps quelle ferveur doit toujours animer ses supplications. En présence de ces pompes dont la religion seule a le secret, les sentiments qui envahissent et pénètrent l'âme ne peuvent s'exprimer. Elle sent vraiment alors qu'elle n'est point faite pour la terre, et que, en y passant, elle ne doit chercher que le vrai, ne vouloir que le bien et ne tendre qu'à DIEU, son bonheur et sa fin. Il nous semble impossible d'assister à de telles solennités sans en sortir meilleur.

Pour compléter le compte-rendu de cette belle journée, ajoutons que, en dehors des offices, de nombreux fidèles n'ont cessé de prier tour à tour aux pieds du Bienheureux, et d'admirer les splendides décorations dont l'église s'était parée en son honneur.

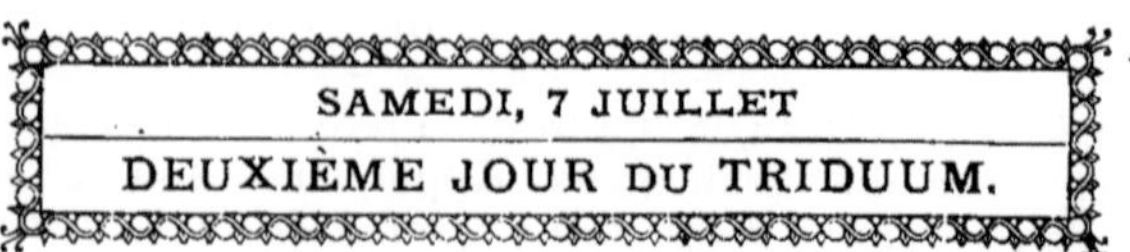

SAMEDI, 7 JUILLET

DEUXIÈME JOUR DU TRIDUUM.

L'ORDRE des offices est absolument celui d'hier. L'affluence a été croissante durant toute la journée. La seconde messe de communion est célébrée, à sept heures, par Monsieur le chanoine Duriez, archiprêtre de Ste-Catherine. Hier à la même heure, c'était Monsieur le chanoine Carton, curé de St-Pierre-St-Paul, qui officiait, puis Mgr Hautcœur chantait la grand' messe ; tout à l'heure Monsieur l'archiprêtre de St-Maurice officiera solennellement à la grand'messe ; enfin ce soir, entouré de son clergé, Monsieur le chanoine Dereu, doyen de St-Étienne, présidera les vêpres. Ainsi, en attendant l'auguste présence de Mgr l'archevêque de Cambrai, annoncée pour demain, les sommités ecclésiastiques de notre ville se succèdent à l'autel du Bienheureux de la Salle. Elles y viennent apporter leur hommage au Fondateur des Frères des Écoles chrétiennes, et donner à ses nombreux disciples ce précieux témoignage de leur vive sympathie et de leur haute bienveillance.

Involontairement nous faisons un rapprochement analogue en voyant monter en chaire le R. P. Castellano, de l'Ordre des Lazaristes. En effet, jeudi soir, la parole ardente d'un fils de S. Ignace préludait éloquemment à ces solennités ; hier matin, un digne fils de saint Alphonse apportait sa note harmonieuse au concert de louanges qui s'élève de notre ville en l'honneur du nouveau Bienheureux ; hier soir, nous écoutions avec bonheur le disciple de saint Dominique, tandis que ce matin, saint Vincent de Paul nous délègue un de ses enfants. Qui ne serait frappé de cette union spontanée de tous les Ordres religieux, que, en dépit de toutes les vexations notre ville est assez heureuse de posséder encore, venant tour à tour par de dignes représentants, honorer l'illustre et glorieux Père d'une humble famille religieuse! Quelle plus belle expression de cette charité que le divin Maître recommandait à ceux qui devaient aller par les villes, comme le fit le Bienheureux de la Salle, pour évangéliser les pauvres!

Mais ne n'est pas tout. Après les Ordres religieux, nos Facultés catholiques viendront ce soir, par l'organe d'un de leurs éminents professeurs, saluer, au nom de la science, le Docteur qui se fit volontairement l'apôtre de l'enfant du peuple. Demain, le clergé séculier, qui s'honore à juste titre d'avoir compté J.-B. de la Salle dans ses rangs, publiera lui aussi ses louanges, par la voix éloquente de Monsieur l'abbé Hennousse ; jusqu'à ce qu'enfin, en présence de Sa Grandeur et au nom de l'Église de Cambrai, un vénérable chanoine de cette métropole vienne saluer par un dernier chant l'immortel chanoine de Reims qui, la veille de la

Trinité 1672, dans notre ville archiépiscopale, franchissait le seuil sacré du sanctuaire. Ainsi toutes les voix de l'Église s'harmonisent dans un magnifique concert, pour célébrer la gloire impérissable d'un seul de ses enfants. Ces pieux détails, qui nous font voir les délicatesses du cœur maternel de l'Église, nous ont paru trop dignes de remarque pour les taire. Mais revenons à la cérémonie qui nous les a inspirés.

L'assistance à la messe célébrée par Monsieur l'archiprêtre de Sainte-Catherine était plus considérable encore que la veille. Les communions, non moins édifiantes, ont été beaucoup plus nombreuses. Le saint sacrifice était terminé depuis longtemps,que le pain eucharistique était encore distribué aux pieux fidèles,et surtout aux enfants de nos écoles qui se succédaient à la Table sainte.

Avant dix heures,environ trois mille enfants des écoles libres se pressent dans l'église pour la grand'messe. Ce sont les élèves qui n'ont pu assister aux solennités du Triduum, c'est-à-dire ceux des écoles paroissiales de St-André, Sainte-Catherine, Sainte-Marie-Madeleine, St-Maurice, St-Michel, St-Étienne, et une seconde partie des écoles de St-Sauveur. On remarque également un certain nombre de députations des écoles et institutions diverses dirigées à Lille et aux environs par les Frères Maristes, les Frères de St-Gabriel et les instituteurs catholiques libres. Des religieuses de St-Vincent de Paul, de la Sagesse, de la Providence, du Sacré-Cœur de l'Enfant-JÉSUS, de la Ste-Union, de Bon-Secours et bien d'autres qu'il serait trop long de mentionner, accompagnent également leurs élèves. En un mot, les modestes apôtres de l'éducation chrétienne, sans distinction d'Ordre ni de famille religieuse, se sont tous donné rendez-vous aux pieds de leur nouveau protecteur ; et les enfants confiés à leur sollicitude sont venus, sous leur conduite, vénérer et prier avec eux le glorieux patron que le Pontife suprême vient de leur donner. C'est pour la troisième fois, depuis l'ouverture du Triduum, que les vastes nefs de St-Maurice se remplissent de leurs gracieuses phalanges. Ceux qui ont été témoins, comme nous, de ce charmant spectacle, ne nous accuseront pas d'exagération si nous affirmons que l'église St-Maurice n'a jamais vu dans son enceinte pélerinages plus candides, plus jeunes et surtout plus intéressants. Comme nous l'avons dit plus haut, Monsieur le chanoine Lasne, archiprêtre, doyen de St-Maurice, officie solennellement,entouré de tout son clergé. Nous remarquons dans les stalles et dans les différentes parties de l'église un bon nombre de prêtres et de religieux, et, parmi eux, plusieurs notabilités ecclésiastique.

La section chorale du pensionnat, qui se prodigue avec tant de talent et de succès depuis l'ouverture des fêtes, exécute la *Messe du St-Sacrement de Miracle* par le chanoine Planque.

Les vêpres suivies du salut ont été présidées, à trois heures, par Monsieur le chanoine Dereu, doyen de St-Étienne. La maîtrise de la même paroisse a exécuté les chants. Nous ne dirons rien de cet office, sinon que l'affluence des fidèles devient de plus en plus considérable,à mesure que se déroule la pompe solennelle des cérémonies du Triduum.

Après avoir vénéré les reliques du Bienheureux et terminé leur pieux pélerinage, les nombreux enfants rentrent en bon ordre dans leurs écoles, où les attend, paraît-il, une petite surprise. En effet, voulant ajouter à la fête un dernier charme très apprécié de ses jeunes protégés, le comité central de l'Œuvre catholique des Écoles a mis, à cette fin, une assez jolie somme à la disposition des maîtres. Pour les uns, l'allocation s'est transformée en une récréation extraordinaire agrémentée d'un excellent goûter, le tout à la parfaite satisfaction des estomacs et des jambes; pour les autres, elle a pris la forme d'une belle récompense ou d'un pieux souvenir. Le Bienheureux a dû sourire à cette généreuse initiative et en bénir les auteurs, car c'est ainsi qu'il devait agir lui-même, tantôt pour ses chers petits pensionnaires de St-Yon, tantôt pour les pauvres enfants de ses premières écoles.

Vers sept heures et demie, le dernier office de cette deuxième journée réunissait une assistance considérable au pied de la chaire que devait occuper ce soir le R. P. Orhand. Dans ce discours, habilement tissé des fibres précieuses de nos Saintes Écritures, l'éminent professeur des Facultés catholiques étale devant son auditoire la splendeur dont le Bienheureux est environné dans l'assemblée des saints, et jusque dans le Sénat des Fondateurs d'Ordres. Il développe ensuite la cause de cette splendeur et montre que, à l'exemple d'Abraham, J.-B. de la Salle n'est devenu le père d'une innombrable postérité spirituelle qu'en gravissant jusqu'au faîte, à la voix de DIEU, la montagne escarpée du sacrifice. On retrouvera avec plaisir dans ces pages le magnifique discours du savant Jésuite.

Après le panégyrique, le salut solennel a été chanté par l'infatigable chœur du pensionnat N.-D. de la Treille et St-Pierre avec ce *brio* qui, depuis trois jours, captive toutes les attentions.

Chose digne de remarque. Depuis l'ouverture du Triduum, malgré la longueur de l'office du soir, au lieu de s'ébranler comme de coutume dès que la bénédiction du Saint-Sacrement est donnée, la foule demeure immobile et écoute, dans une religieuse admiration, les belles strophes du cantique exécuté alors en l'honneur du Bienheureux. Elle semble ne point se lasser d'entendre ces pures et fraîches voix d'enfants chantant les vertus et la gloire du nouveau Patron de l'école. A peine, durant ce temps, les fidèles qui n'ont pu trouver place que dans les parties reculées de l'église, essayent-ils d'avancer à travers la foule vers la nef principale, afin de pouvoir contempler, eux aussi, le spectacle vraiment céleste qu'offre le maître-autel, avec ses mille flambeaux illuminant l'apothéose de celui dont le nom se perd en flots d'harmonie sous les voûtes sacrées.

Le succès de cette deuxième journée permet de croire que toutes les espérances des organisateurs seront infiniment surpassées demain.

Honneur à la cité qui ménage de telles fêtes au bienfaiteur de ses enfants.

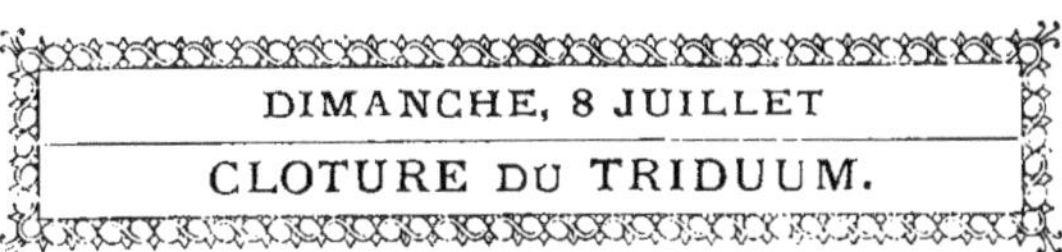

DIMANCHE, 8 JUILLET

CLOTURE DU TRIDUUM.

Les pompes de cette belle journée se sont ouvertes par la messe de communion célébrée, à sept heures, par M. l'abbé Hennousse, l'éminent aumônier du pensionnat des Frères. Les élèves du pensionnat, ceux de l'École de commerce,les membres du cercle St-Louis, ceux de l'Œuvre de la jeunesse, de l'association amicale des anciens élèves du pensionnat, des associations paroissiales d'anciens élèves des Frères, enfin des représentants des diverses œuvres catholiques de Lille ainsi que de pieux fidèles, asssistaient en grand nombre à cette première cérémonie.

Après l'évangile, le célébrant esquisse en traits rapides mais éloquents la grande figure du Bienheureux. Il élève surtout vers le ciel l'accent de la reconnaissance à la vue de la profonde sagesse avec laquelle DIEU a ménagé pour nos jours troublés la glorification de son serviteur. Captivant les esprits et les cœurs sous le charme et l'autorité de sa parole, l'orateur déduit du grand fait de la Béatification un enseignement spécial pour chacun des divers éléments dont son auditoire est formé.

Nous ne pourrions que dénaturer ce beau discours en essayant de l'analyser davantage ; mais le lecteur aura la vive satisfaction de trouver plus loin ces belles pages, qu'il ne se lassera point de relire.

Vers la fin de la messe, il était profondément édifiant de voir se succéder à la sainte Table ces six ou sept cents jeunes gens et hommes mûrs, tous anciens élèves des Frères. Leur attitude, leur foi, leur piété, disaient mieux que les plus beaux discours leur reconnaissance pour leurs anciens maîtres, en même temps que l'excellence de l'Œuvre de leur saint Fondateur.

Ce pèlerinage matinal, sans pompe, sans éclat, mais tout imprégné de ferveur, restera certainement l'une des plus belles et des plus consolantes manifestations du Triduum.

En prévision de la grande affluence qui envahira l'église St-Maurice pour la messe pontificale, bon nombre de personnes ont choisi leurs places vers neuf heures et même plus tôt encore. Avant dix heures, il n'y avait plus une chaise libre dans l'immense église; bientôt même la circulation devient presque impossible. Il y a bien longtemps que St-Maurice n'a vu une foule aussi compacte, aussi pressée, et surtout aussi sympathique et aussi recueillie.

A dix heures, l'harmonie Notre-Dame annonce le saint sacrifice par une marche triomphale, dirigée par l'auteur, Monsieur J. Herman. Pendant ce magnifique morceau, le cortège pontifical quitte la sacristie et se déroule lentement à travers les rangs pressés des fidèles qui remplissent le pourtour du chœur. A la vue de la croix, la foule tressaille. Elle veut voir ces nombreux lévites, cette phalange de prêtres qui escortent le pontife à l'autel. Bientôt, elle s'incline avec foi sous la bénédiction de son premier pasteur, et ne cesse, durant tout le saint sacrifice, d'admirer l'ordre vraiment pompeux de la cérémonie

Il était beau de suivre à l'autel notre saint prélat qui, malgré ses fatigues, sa faiblesse et ses souffrances, avait voulu donner à son peuple de Lille, toujours avide de le voir, le magnifique spectacle d'une messe pontificale. Il était beau surtout de considérer que Sa Grandeur s'était volontiers imposé cette démarche pour satisfaire sa dévotion au Bienheureux de la Salle et donner en même temps, aux Frères des Écoles chrétiennes, le plus éclatant témoignage de sa haute sympathie.

Parmi les ecclésiastiques qui entouraient Sa Grandeur, on remarquait Monsieur Destombes, vicaire général, l'une des belles illustrations de notre diocèse, et, dans les stalles, en habit de chœur, Mgr Baunard, recteur de l'Université catholique ; Monsieur le chanoine Lasne, archiprêtre de St-Maurice; Monsieur le chanoine Dehaisnes, vice-recteur honoraire des Facultés catholiques; Monsieur le chanoine Hollebecque, supérieur du collège de Marcq; Monsieur le chanoine Delassus, chapelain de la Basilique de Notre-Dame de la Treille; et d'autres notabilités ecclésiastiques de notre ville, ainsi que des représentants des différents Ordres religieux. Sa Grandeur était assistée à l'autel par le séminaire de l'Université catholique. En face du chœur ont pris place une centaine de Frères des Écoles chrétiennes. Quel beau jour et quelle heure solennelle pour ces humbles religieux !

Comme cet éclatant triomphe de leur bien-aimé Père est bien fait pour soutenir leur courage et redoubler leur ardeur au milieu des luttes qu'ils soutiennent si vaillamment avec l'Église !

Les chants sont exécutés par la section chorale du pensionnat des Frères. Cette phalange de jeunes artistes que nous admirons depuis trois jours s'est, s'il se peut, surpassée elle-même aujourd'hui. Renforcée d'un certain nombre d'anciens élèves du pensionnat, de membres de l'Œuvre de la jeunesse et de plusieurs artistes distingués, elle ne compte guère moins de deux cents exécutants, et forme certainement la plus belle maîtrise que Lille ait entendue depuis longtemps.

L'œuvre choisie pour cette circonstance exceptionnelle est due au talent supérieur d'un de nos concitoyens, Monsieur Ern. Mazingue, le savant organiste de St-Étienne. Cette œuvre est d'un effet magistral et d'une difficulté d'exécution que peuvent seules aborder avec succès des maîtrises comme celle du pensionnat St-Pierre. Mais ce qui fait à nos yeux le premier mérite de cette belle composition, c'est son caractère profondément religieux. Nous n'avons pu nous empêcher d'admirer avec quel sentiment vrai du sens liturgique l'auteur a traité toutes les parties de son œuvre.

L'Harmonie Notre-Dame, si avantageusement connue, a voulu, en cette occasion, ajouter une belle page à son histoire. C'était son devoir, et elle a su le remplir avec honneur. Rien de beau, en effet, comme cette page solennelle de Wettge, ayant pour titre *Rosabelle*, que l'Harmonie Notre-Dame a rendue pendant l'offertoire, avec une perfection et une supériorité de talent absolument incontestables.

Après la messe et la bénédiction pontificale, l'orgue prélude à la cantate en l'honneur du Bienheureux. Cette œuvre s'ouvre par un court récitatif pour basse, d'un bel effet ; un grand chœur, dont les trompettes et les cors soulignent les principaux passages, y répond. Des soli pour soprano, basse et ténor, alternent ensuite avec le chœur, et, en déroulant la pensée de l'auteur, nous permettent d'admirer les belles voix de MM. Morel et Canoo. L'assistance semble vivement impressionnée. Sa surprise augmente lorsqu'au milieu d'un silence solennel les sons de la harpe accompagnent un quatuor angélique dissimulé dans une tribune élevée de l'église. Bientôt les voix d'enfants du premier chœur s'unissent à ces voix célestes et forment un véritable concert de soprani, dans lequel huit parties se meuvent avec une aisance et une harmonie d'un effet ravissant. Un grand chœur en canon termine ce superbe morceau..

Cette œuvre fait le plus grand honneur à son auteur, Monsieur

J. Deplantay, dont la réputation artistique, en fait de musique religieuse surtout, est assurée depuis longtemps.

Il est midi quand les milliers de personnes qui s'étaient pressées dans la vaste enceinte de St-Maurice, inondent les rues environnantes et se répandent dans toutes les directions. Bientôt on ne s'entretient partout que de la cérémonie splendide qui vient de se terminer.

A quatre heures, Sa Grandeur Mgr l'archevêque, entouré d'un nombreux clergé, était de nouveau à l'autel pour présider les vêpres solennelles. Les chants furent parfaitement exécutés par la maîtrise de St-Maurice, dirigée et soutenue par M. Lefebvre, dont l'éloge n'est plus à faire.

L'affluence était aussi compacte que le matin, et, détail assez peu commun pour être cité, nous avons vu plusieurs maisons voisines, voire même des cafés, céder aux instances d'un certain nombre de pieux fidèles,et se dépouiller momentanément d'une partie de leurs chaises qu'on emportait à l'église. Il est vrai de dire qu'un nombre peut-être assez considérable de pères et de mères de famille, à qui les occupations de la semaine ou l'éloignement n'avaient pas encore permis d'entendre célébrer les louanges du Bienheureux, étaient accourus de bonne heure au pied de la chaire.

Après les vêpres, en présence de Sa Grandeur Mgr Hasley, archevêque de Cambrai, d'un véritable sénat de prêtres, de religieux de tous Ordres, de nombreux Frères des Écoles chrétiennes, de représentants de toutes les œuvres catholiques de Lille et de ce concours innombrable de fidèles, Monsieur le chanoine Deroubaix, curé-doyen de Notre-Dame à Douai, prononça le panégyrique du Bienheureux. Durant une heure entière, l'orateur, par la doctrine et l'autorité de sa parole, captiva l'attention vraiment sympathique et religieuse de cet immense auditoire. «*Qui seminant in lacrymis in exultatione metent,*» tel est le texte de son discours.A l'appui de cette thèse,déroulant éloquemment l'histoire du Bienheureux et de son œuvre naissante, il montre jusqu'à l'évidence que tout ce qui est ici-bas vraiment grand, saint, durable ou glorieux, doit être marqué du sceau de la souffrance et jaillir du Calvaire.

Le salut solennel de clôture a été chanté par la section chorale du pensionnat des Frères. Il appartenait bien à ces jeunes artistes, formés par les disciples du Bienheureux, de couronner brillamment ces fêtes auxquelles leur concours avait apporté le plus vif éclat.

La bénédiction du T.-S.-Sacrement a été donnée par Monseigneur. On avait annoncé que la cérémonie se terminerait par la procession solennelle des reliques ; l'affluence des fidèles comblant tous les passages n'a pas permis de réaliser ce pieux dessein. Toutefois le précieux trésor a pu être transporté de l'autel latéral au maître-autel, où s'est improvisée une touchante manifestation. Au chant magnifique du *Te Deum*, Sa Grandeur est venue la première vénérer les saintes reliques; tout le clergé et de nombreux Frères des Écoles chrétiennes leur ont ensuite rendu tour à tour les mêmes hommages ; enfin, pendant une demi-heure encore, et bien que l'office n'ait pas duré moins de deux heures et demie, un nombre considérable de pieux fidèles se sont succédé au pied de l'autel, pour satisfaire jusqu'au bout leur dévotion au Bienfaiteur de l'enfance.

Le soir, une brillante illumination privée avait lieu à l'Hôtel Notre-Dame qu'occupent, à Lille, le Pensionnat des Frères et l'Œuvre de la jeunesse.Cette illumination était entièrement due à l'initiative et au talent des membres de l'Œuvre. Après avoir pris une large part à tous les exercices de ces grands jours, ces excellents jeunes gens avaient voulu donner aux Frères cet autre témoignage de leur sincère attachement.

Le Triduum est terminé, mais il laissera un doux et durable souvenir dans tous les cœurs catholiques de Lille. Si les murs de notre cité n'ont pu empêcher le souffle impur du siècle de jeter çà et là dans son enceinte des ferments d'indifférence et d'impiété, le grand nombre et l'élite de ses habitants demeurent toujours dignes d'elle. Ils l'ont bien prouvé, certes, durant ces trois jours, en venant en foule, pleins de foi et de bonheur, acclamer et prier l'humble Fondateur des Écoles chrétiennes. Pouvaient-ils protester plus hautement contre l'école sans DIEU, pouvaient-ils surtout affirmer davantage que l'éducation chrétienne est la seule qu'ils entendent donner à leurs enfants ?

Honneur à vous, parents chrétiens et généreux bienfaiteurs de nos écoles libres ! Continuez ainsi. Le titre même de ces écoles vous prouverait, s'il en était besoin,qu'avec l'âme de vos enfants vous défendez la liberté. Oui, courage et confiance, car si DIEU donne aujourd'hui à sa cause un nouveau protecteur, c'est qu'il lui prépare pour demain un éclatant triomphe.

X***

DISCOURS prononcé par l'abbé **HENNOUSSE**, Aumônier des Frères des Écoles chrétiennes, dans la chapelle du Pensionnat Notre-Dame de la Treille et Saint-Pierre, le Dimanche 1er Juillet 1888, à l'occasion de la réunion et de la fête de l'Association des anciens élèves du Pensionnat.

Corona senum filii filiorum, et filii eorum gloria patrum.

Les enfants de leurs fils sont la gloire des vieillards, et les pères sont la gloire de leurs enfants. (Prov. 17, v. 6.)

CHERS MESSIEURS,

LA voici donc dans ce sanctuaire l'image du Bienheureux Jean-Baptiste de la Salle. Et vous voilà groupés à ses pieds pour louer, pour bénir, pour honorer d'un culte religieux Celui dont elle vous rappelle les traits, les vertus et les œuvres. Naguère c'était la France, personnifiée dans la ville de Rouen, qui élevait une statue au vénéré Fondateur de l'Institut des Frères des Écoles chrétiennes. Elle honorait en lui l'une de ses gloires les plus pures, l'un de ses plus fermes appuis, le bienfaiteur de l'enfance. Aujourd'hui, c'est l'Église catholique qui décerne à l'humble prêtre de meilleurs et de bien plus glorieux hommages, en inscrivant son nom parmi ceux des Bienheureux. En effet, mes amis, depuis notre dernière réunion, un événement considérable, que vos maîtres et leur Congrégation appelaient de tous leurs vœux depuis longtemps, les a réjouis. Pierre, en parlant par la bouche de Léon, a fait passer le Vénérable Jean-Baptiste de la Salle de l'obscurité du tombeau aux honneurs de l'autel.

Le 19 février de l'année 1888 comptera désormais parmi les dates mémorables de l'Institut des Frères des Écoles chrétiennes. Ce jour là, Rome donnait au monde catholique, en l'honneur du vertueux prêtre de Reims, le signal de fêtes solennelles auxquelles tant de royaumes, de cités, de paroisses, ont déjà répondu sans pouvoir toutefois en égaler la pompe et la magnificence, les splendeurs et l'éclat. Rome a seule le secret de ces manifestations imposantes, parce quelle possède seule, au Vatican, la majesté qui leur imprime un caractère incomparable, la voix pleine d'autorité qui les anime et qui les vivifie. Bien des orateurs éloquents ont déjà loué et loueront désormais Jean-Baptiste de la Salle dans la chaire chrétienne, mais leurs discours n'ont été et ne seront toujours qu'un écho affaibli et un pâle commentaire de la parole pontificale, que toutes les voix de la publicité ont déjà portée aux extrémité du monde. Le Bref de Léon XIII pour la béatification du vénérable serviteur de DIEU Jean-Baptiste de la Salle, restera comme son panégyrique le plus concis et le plus complet. Le Saint-Père y loue d'abord la piété, la science, le zèle, les sacrifices du serviteur de DIEU ; il dit les débuts pénibles de sa grande œuvre, les obstacles qu'elle a rencontrés, les triomphes qu'elle a remportés, la mort du vertueux prêtre, les miracles par lesquels il a plu à DIEU de glorifier son serviteur devant son Église. Puis, avec cette haute sagesse qui le distingue, notre Pontife, entrant dans les conseils divins, saisit et expose l'opportunité providentielle de l'acte que l'Esprit-Saint le presse d'accomplir. Car, si les saints n'apparaissent pas fortuitement sur la scène du monde, ce n'est pas non plus le hasard qui, après leur mort, détermine l'époque de leur glorification.

Dans le ciel des élus, comme dans le firmament visible, c'est sur un signal du Très-Haut que les étoiles, longtemps cachées et comme endormies dans un point reculé de l'espace, accourent en criant : Nous voici, et qu'elles commencent de briller pour obéir à Celui qui les a faites. Des rapports secrets et permanents ont été établis entre l'Église triomphante et l'Église militante, et quand DIEU nous destine de nouveaux combats sur la terre, presque toujours il nous montre de nouveaux alliés et de puissants défenseurs dans les cieux.

A l'heure présente, les luttes ne nous font pas défaut, mais l'école surtout est le terrain sur lequel la guerre est engagée plus vive et plus ardente. Or, nous dit Léon XIII, voici précisément que DIEU donne un patron à l'enseignement primaire chrétien, qui en a tant besoin ; voici qu'il propose aux fils du Vénérable un modèle de dévouement à l'enfance, et à l'enfance pauvre, dans la personne de leur vénéré Père ; voici qu'il présente aux fidèles le type de la générosité qu'ils doivent pratiquer, en créant et en fondant des écoles catholiques au sein d'une société que ses chefs veulent plonger dans l'athéisme, en élevant les générations nouvelles en dehors de toute idée confessionnelle ; voici qu'il rappelle aux élèves des Frères des Écoles chrétiennes, par la glorification du Père de ceux dont ils sont les disciples, en quelle estime ils doivent tenir l'éducation chrétienne, l'Église qui veille à la leur procurer, les maîtres qui la leur donnent, le soin et le zèle qu'il leur faut apporter à en profiter et à y conformer leur vie et leur conduite.

A cette parole, la catholicité tout entière s'est émue ; elle a acclamé l'apôtre de l'enfance et, appelant à son aide les arts, la poésie, l'éloquence, elle se hâte de composer en l'honneur de ce modeste héros un poème magnifique dont il vous appartient d'écrire les meilleures pages, d'être les strophes vivantes par la dignité et la sainteté de votre vie. Car, si les pères sont la gloire de leurs enfants, les enfants sont aussi la gloire de leurs pères. *Corona senum filii filiorum, et filii eorum gloria patrum.*

Soyez donc la gloire du Bienheureux Jean-Baptiste de la Salle dans votre vie privée et dans votre vie publique. Dans votre vie privée d'abord, par une foi vive, pratique et généreuse.

L'œuvre de l'éducation de l'enfance ne peut être pour un prêtre que l'une des formes,la plus obscure,il est vrai, mais aussi la plus féconde du zèle sacerdotal, qui a pour objectif le salut des âmes. Car point de salut sans la foi : *Qui crediderit salvus erit ; qui non crediderit condemnabitur.* Or, la foi procède de l'enseignement : *Fides ex auditu.* Aussi, plus tôt une âme reçoit la vérité divine, mieux on peut augurer de son sort éternel. Ses premières impressions sont les plus durables et prémunissent, quand elles sont bonnes,contre celles de l'erreur et du vice. Jean-Baptiste de la Salle l'avait compris : c'est ce qui lui inspira la pensée de sa grande œuvre et le courage pour la réaliser. Le nom qu'il donne à ses fils, la part qu'il fait chaque jour dans l'école à l'enseignement de la religion, révèlent tout son dessein. Les Frères des Écoles chrétiennes ne négligeront pas l'instruction profane : car, plus l'esprit est cultivé par la science, mieux il s'ouvre aux choses de la foi ; mais elle ne sera pour eux qu'un moyen d'atteindre le but même de leur Institut, de recruter des disciples, de préparer leur intelligence à recevoir la doctrine chrétienne, et d'affermir leurs croyances en leur montrant l'accord parfait de la révélation et de la science, de la raison et de la foi. Grâce à cette méthode, la foi que vous aviez reçue au baptême et qui s'était épanouie sous le souffle ardent et pieux de vos parents, a acquis ici un plus complet développement : en vous apprenant à croire en enfant et en adolescent,on vous a disposé à croire en homme. A vous, mes amis, d'entretenir ce flambeau divin allumé dans vos âmes, si vous voulez répondre au but que le Bienheureux s'est proposé dans son œuvre. A votre âge, dans votre condition, avec vos connaissances et vos talents, dans le milieu où vous vivez, la foi du charbonnier ne peut pas vous suffire. Il vous faut une religion éclairée que ne puissent étouffer les ténèbres amoncelées autour d'elle par la demi-science ou la mauvaise foi, et qui les dissipe au contraire pour l'édification du prochain.Prenez donc soin de poursuivre vos études religieuses,et ne reléguez pas à l'arrière-plan dans votre vie ce qui doit en occuper le premier.

Relisez le catéchisme qu'on vous a appris ici à lire et à comprendre ; relisez ce petit livre qui a fait les délices de vos jeunes années,et dans lequel on trouve toujours des trésors cachés, qu'on n'y avait point remarqués, quand on en reprend la lecture avec un esprit mûri par l'âge, par la science, par la réflexion, par l'expérience des hommes, des choses et des doctrines ; relisez-le bien et votre foi gagnera en force et en éclat. Laissez-moi vous raconter un trait à l'appui de cette assertion.

Il y a quelques semaines, je rencontrai, un soir, chez un ami commun, un homme du monde, membre de plusieurs sociétés savantes qu'il honore par ses talents, par la variété, l'étendue et la sûreté de ses connaissances. Tout en causant de la nécessité et de la beauté de l'étude de la religion, il me dit : Monsieur l'abbé, j'appartiens à une famille très chrétienne que vous connaissez, je suis moi-même croyant et pratiquant, j'ai fait mes études dans un collège ecclésiastique, c'est vous dire que j'ai appris et que je sais mon catéchisme. Depuis bien des années je cultive les sciences. Leur accord avec la religion est surtout l'objectif de mes travaux et cependant, le soir, quand je fais réciter le catéchisme à mes enfants, j'y découvre toujours des aperçus qui m'avaient échappé, et j'en continue souvent tout seul et bien longtemps la lecture avec un charme tout particulier. Que de lumières jaillissent pour moi de ce petit livre ! C'étaient ces lumières qu'une sainte religieuse, d'un grand bon sens et d'un tact exquis, souhaitait un jour à un homme d'État qui avait rempli,et non sans gloire, un rôle important dans notre pays. Cet ancien ministre venait de la quitter, quand je fus introduit, pour lui rendre visite, dans le parloir de la communauté. La conversation s'engagea naturellement sur ce personnage éminent qui, sorti avec honneur de l'école polytechnique, s'était élevé par son mérite aux premières dignités de la France. Voici, me raconta cette sainte femme, ce que je disais à mon illustre visiteur en terminant notre entretien : Mon bon Monsieur,vous et moi,nous vieillissons ; il nous faudra bientôt plier notre tente et paraître devant DIEU. Croyez-moi, relisez votre catéchisme. Vous êtes un grand esprit, un croyant et un pratiquant, mais votre foi a des lacunes qu'il faut combler : relisez votre catéchisme. Depuis ce moment, la sainte religieuse et le grand homme d'État ont comparu devant DIEU, qui aura récompensé sans doute l'une d'avoir donné ce sage conseil, l'autre de l'avoir suivi comme il l'avait promis.

Vous aussi, chers Messieurs, relisez votre catéchisme. Votre foi deviendra plus vive et j'ajoute plus pratique : car les convictions fortes et éclairées réagissent sur la conduite et la foi doit tendre à l'action.

La foi sans les œuvres est, en effet, une foi morte qui ne peut nous sauver. Aussi l'Apôtre nous dit: Mes frères, efforcez-vous, par vos bonnes œuvres, d'assurer votre vocation et votre élection. DIEU ne se révèle à nous que pour nous apprendre à bien vivre, et les dogmes qu'il propose à notre croyance ne sont que le fondement et la sanction des lois qu'il nous impose par lui-même ou par son Église. Si justes, si sages qu'elles soient et qu'elles paraissent à notre raison, elles trouvent toujours cependant dans notre volonté une opposition formidable. Elle sait que ces commandements lui sont intimés par une autorité souveraine devant laquelle tout doit s'incliner ; elle sait que son bonheur éternel et temporel est attaché à leur observation ; elle sent qu'une force divine la sollicite et la pousse à l'obéissance, et cependant elle résiste et se rebelle bien souvent. Ces révoltes, chers Messieurs, ne vous sont pas inconnues, mais combien il vous eût été plus difficile de les dompter, si vous n'aviez pas eu le bonheur d'être formés à porter le joug du Seigneur dès votre enfance ! L'Esprit-Saint a dit et l'expérience prouve que l'homme s'éloigne rarement dans l'âge mûr et dans la vieillesse de la voie qu'il a prise dans sa jeunesse. Voilà pourquoi Jean-Baptiste de la Salle a institué les Ecoles chrétiennes, et prescrit à ses fils non seulement d'y instruire les enfants des vérités de la foi, mais d'en faire des adorateurs en esprit et en vérité en les formant à la pratique de la loi divine. Vous savez si vos maîtres ont été fidèles aux ordres de leur bienheureux Père. C'est auprès d'eux que vous avez compris la nécessité de la prière, que vous en avez pris l'habitude et le goût. N'est-ce pas ici, dans cette chapelle, qu'ils vous ont inspiré une religion profonde et fait aimer le culte de DIEU ? Comme vous sortiez émus de nos offices liturgiques où la beauté des chants, la magnificence des décorations, l'ordre et la pompe des cérémonies, les splendeurs de l'autel étincelant d'or et de lumière, charmaient vos âmes et y laissaient des impressions que le temps n'a pas effacées ! Ah ! chers Messieurs, les offices de l'Église vous toucheraient moins aujourd'hui si, dès votre enfance, vos maîtres ne vous avaient appris à les goûter en les entourant de tous les attraits qu'ils comportent. Et les Sacrements, ces canaux par lesquels la grâce divine arrive dans les âmes, qui vous a appris à les fréquenter, à les recevoir avec fruit ? Encore vos maîtres, comme ils vous ont formés aussi au recpect de vous-mêmes et des autres, à la pratique scrupuleuse de la justice, à la fidélité au devoir, à l'horreur de la duplicité et du mensonge, au travail et à l'obéissance, à la patience et à la charité. Ils préparaient ainsi dans l'enfant l'homme de l'avenir, et substituaient en vous l'homme de la grâce à celui de la nature. Malheureusement, chassons le naturel, il revient au galop : en auriez-vous fait la triste expérience ? L'indifférence religieuse est une épidémie de notre temps : n'en seriez-vous pas un peu les victimes ? La morale facile du siècle n'a-t-elle pas entamé vos vertus ? Avez-vous encore la même délicatesse de conscience, le même souci du droit et de l'équité, la même fidélité à la parole donnée ? A force d'entendre les hommes de votre âge et de voir le journal, le roman, le théâtre, bafouer, outrager la vertu, la présenter sous les dehors les plus ridicules ou les plus hypocrites, la déclarer impossible et présenter le devoir comme une chaîne gênante dont il est de bon goût de s'affranchir, n'avez-vous point fini par vous ranger à cet avis en théorie et aussi peut-être un peu en pratique ? En un mot, êtes-vous des hommes, des chrétiens, tels que le Bienheureux Jean-Baptiste de la Salle voulait qu'il en sortît des écoles dirigées par les Chers Frères ? Jugez vous-mêmes ; mais ne quittez pas cette chapelle avant d'avoir promis à votre Père, devant son image vénérée, ou de réformer votre vie ou de vous rapprocher de plus en plus de l'idéal qu'il s'est proposé de réaliser dans les élèves de ses écoles et de ses Fils.

Vous vous flatteriez en vain de l'atteindre si votre foi vive et pratique n'était de plus courageuse.

La profession de la foi demande toujours un certain courage, mais il y a des temps où elle exige l'indomptable énergie des confesseurs et quelque chose de l'héroïsme des martyrs.

Nous sommes à l'une de ces époques.

Malheur à l'homme dont la foi pratique, connue ou seulement soupçonnée par les puissants du jour, leur a permis d'accoler à son nom, sur son dossier, l'épithète de clérical ! Quels que soient ses talents, ses aptitudes, ses connaissances, sa probité, les fonctions publiques lui sont interdites et bien des carrières lui sont fermées. Est-il en place ? C'est un homme fini ; pour lui plus d'avancement. Ses bons et longs services, son intelligence et son zèle, ne sauraient désormais consolider sa position ébranlée. Chaque matin, en se rendant à son poste, il se demande s'il ne reviendra pas chez lui, à midi, nanti d'une révocation en bonne et due forme. Vit-il de son industrie ? Qu'il en cherche l'exercice ou les débouchés auprès des particuliers ; ailleurs il est frappé d'ostracisme. La sentence est sans appel ; ni la perfection de son travail, ni la supériorité de ses produits, ni la modicité de ses prix ne sauraient faire lever le veto apposé à ses soumissions. Pour le clérical, Thémis même n'est point aveugle, sa balance manque d'équilibre et ses poids sont faussés. Lésé dans ses intérêts par les sectaires qui détiennent le pouvoir, le catholique croyant et pratiquant est encore outragé par leurs partisans intéressés. Pour eux, c'est un esprit faible, un ignorant ou un hypocrite. On l'a dit depuis longtemps : l'injure suit la loi des corps physiques et ne prend de gravité que de la hauteur d'où elle tombe. Celle de nos adversaires ne saurait donc blesser, et on ne devrait pas la craindre; et cependant combien elle fait de victimes tous les jours! Beaucoup rougiraient de faillir à leur foi par intérêt, qui la trahissent par respect humain. Messieurs, vous ne serez point de ces apostats. Vous seriez avilis à vos propres yeux et vous auriez perdu le droit de vous estimer vous-mêmes, si vous aviez la lâcheté de rougir d'un ami au jour de sa disgrâce ; et parce que le DIEU de votre baptême et de votre enfance est devenu impopulaire, parce qu'en le servant vous risqueriez de partager avec lui la défaveur et les outrages d'une génération abaissée et digne de mépris, vous pourriez l'abandonner ? Jamais, chers Messieurs, car vous savez que celui qui préfère quelque chose à JÉSUS-CHRIST n'est pas digne de Lui, vous savez que notre Bienheureux vous désavouerait pour ses fils.

Le voyez-vous près du trône de DIEU, ce docte et saint prêtre? Il porte un noble nom que ses ancêtres ont illustré dans les camps et dans les parlements. Il a de sa race les ardeurs généreuses et l'esprit législateur. L'Église se l'attache de bonne heure en lui conférant ses dignités. Aux vertus,aux talents, à la science du jeune chanoine, elle réserve ses charges et ses honneurs les plus élevés. Tout à coup, il renonce au brillant avenir qui s'ouvre devant lui, résigne son canonicat, vend ses biens, en donne le prix aux pauvres, quitte le monde pour se dévouer aux petits enfants, pour leur recruter et leur former des éducateurs selon le cœur du bon Maître. Il se met à l'œuvre, et aussitôt le voici contredit par ses frères et ses supérieurs dans le sacerdoce, persécuté par les hérétiques, trahi même par ses propres fils. L'épreuve n'abat point son courage. Pour DIEU et pour les âmes des enfants il souffre tout, il supporte tout. Abreuvé d'humiliations, il meurt à Rouen ; mais DIEU le glorifie, et du sein de sa gloire il vous dit aujourd'hui : Mes fils,les temps sont mauvais, ceignez vos reins et soyez pleins de vaillance. *Accingimini et estote filii potentes*. Le royaume de DIEU souffre violence et les violents seuls peuvent le conquérir. Le ciel n'est ni pour les timides ni pour les lâches : on n'y entre que par beaucoup de tribulations saintement supportées. JÉSUS-CHRIST nous a frayé la route, j'ai suivi ses traces ; marchez après moi si vous êtes mes fils. Pourriez-vous, Messieurs, ne pas imiter votre Père, quand, après tout, d'autres, dans des conditions bien inférieures à la vôtre, vous donnent de si nobles exemples ? Quand de pauvres ouvriers, placés entre la faim et l'apostasie, restent fidèles à leur foi, auriez-vous la faiblesse de la trahir pour une position,pour les trente deniers de Judas, pour un ruban ou par peur d'un sourire ? Un pauvre Irlandais devait un jour, par son vote, faire acte de citoyen. Deux candidats se présentaient à son suffrage. L'un était le représentant et le défenseur de la cause catholique ; l'autre, protestant, était l'oppresseur de sa foi et de sa patrie. Sa conscience lui disait de donner sa voix au candidat catholique, son intérêt matériel s'y opposait, car, le lendemain du scrutin, il paierait de son avenir et de celui de sa famille son acte d'indépendance. La loi de l'éviction lui serait appliquée, on l'expulserait de sa ferme ; et l'expulsion c'était la misère, et peut-être la mort pour lui et pour ses enfants. Assis à son foyer, il y demeurait sombre et silencieux. Sa femme, pénétrant la pensée de son mari, l'enveloppe d'un regard dans lequel se peignaient toute sa tendresse d'épouse et toute sa foi de chrétienne, et elle lui dit ce mot sublime : Souviens-toi de ton âme et de la liberté ! Ce mot le fait bondir, dissipe ses hésitations, relève son courage, et il court accomplir son devoir.

N'oubliez jamais le mot sublime de Sarah l'Irlandaise. Si périlleuse que puisse devenir pour vous la profession de votre foi, vous n'y faillirez pas, Messieurs, quand vous vous souviendrez de votre âme et de la liberté.

Glorifiant votre Bienheureux par les vertus de votre vie privée, il vous restera à le glorifier par les vertus de votre vie publique. DIEU a donné à tous les besoins de l'homme un objet correspondant. La Providence n'a donc pu laisser sans aliment le plus noble et le plus impérieux besoin de l'âme humaine, son besoin religieux. En fait, nous savons que DIEU a parlé à l'homme par lui-même, d'abord, puis, par les patriarches et par les prophètes, enfin par son propre Fils. Ce faisant, le Seigneur n'avait qu'un but : fournir à la plus excellente de ses créatures visibles le moyen d'atteindre sa fin ; et cette fin, c'est lui-même.

Que les familles se groupent en nations, les chefs qui les régiront auront le devoir de leur assurer les biens matériels, mais sans jamais perdre de vue le vrai but de la vie humaine. Leurs institutions et leurs lois devront toujours respecter les lois divines ; et, si DIEU établit une société religieuse destinée à promouvoir le salut éternel de l'homme, les États seront obligés à la protéger et à favoriser sa propagation. Ainsi d'ailleurs serviront-ils de la meilleure manière les intérêts de la vraie civilisation. Qu'est-ce, en effet, que la civilisation ? C'est l'accord harmonieux entre les biens physiques et les biens moraux, et leur extension au plus grand nombre d'individus. Mais il n'y aurait point d'harmonie entre ces biens si les biens physiques n'étaient subordonnés aux biens moraux, comme le corps doit l'être à l'âme ; et, comme le bien moral est tout ce qui rapproche l'homme de sa fin, comme la religion seule lui fait connaître cette fin et le dirige vers elle d'une manière certaine, la religion est donc le bien moral par excellence et le premier élément de la civilisation. L'État qui le négligerait pour ne songer qu'à accroître les biens matériels, n'aboutirait,en les multipliant,qu'à attirer les haines et les guerres sociales en ôtant tout frein aux convoitises de chacun. L'ancienne société l'avait compris ; aussi l'État y fut-il presque toujours respectueux de l'Église et de tous les droits que Notre-Seigneur lui a accordés en en faisant une société parfaite. En cherchant avant tout le royaume de DIEU et sa justice, le reste, c'est-à-dire la prospérité, la grandeur et la gloire, fut donné aux peuples par surcroît.

Le protestantisme d'abord, le traité de Westphalie ensuite, changèrent cet état de choses en Europe. Les princes en souffrirent plus que l'Église ; c'était justice, a dit Bossuet. Ils s'étaient insurgés contre l'autorité du Pape, ou ne l'avaient pas défendue : leurs peuples commencèrent à discuter la leur. En France, le jansénisme allait hâter la Révolution, qui devait faire passer le pouvoir du roi au Tiers-État, et du Tiers-État au peuple tout entier. Malheur à la société si les nouveaux dépositaires du pouvoir ne sont pas pénétrés des principes chrétiens, s'ils ne comprennent pas que, pour les nations comme pour les individus, il n'y a de salut qu'en Notre-Seigneur JÉSUS-CHRIST ! *Non est in alio aliquo salus.* Il importe donc d'inculquer aux générations nouvelles ce principe sauveur, ou c'en est fait de la vraie civilisation, et une ère de barbarie plus terrible que la barbarie antique va se lever sur le monde. C'est alors que, dans sa providence miséricordieuse, DIEU donne à la France et au monde le Bienheureux Jean-Baptiste de la Salle, le Fondateur de ces Écoles chrétiennes où les enfants du peuple viendront apprendre où se trouve le salut. Le mal eût été conjuré sans les efforts combinés de la philosophie et de la science,de la Révolution et des sociétés secrètes, pour rendre inefficace le remède providentiel. Tandis qu'on proclame dans les chaires de l'enseignement supérieur, ou qu'il n'y a rien en dehors des forces de la nature, ou que la raison et la science suffisent à conduire à leurs fins l'homme et les sociétés humaines, le pouvoir entrave l'enseignement catholique, les sociétés secrètes le combattent par tous les moyens, le déconsidèrent et le calomnient. Cependant le journal, les revues, les romans philosophiques et scientifiques, vulgarisent le naturalisme et donnent le libéralisme pratique.S'il n'y a rien en dehors de la nature et de la raison, ou si elles suffisent à l'homme pour attendre sa fin sociale, DIEU n'a donc point parlé à l'homme, ou, s'il lui a parlé,sa révélation n'est pas obligatoire mais seulement facultative. Dans le premier cas, l'Église est dans l'État comme toute société philosophique, littéraire, artistique ; elle ne tient que de lui son existence et ses droits, il la restreint donc ou il la supprime quand il veut, et parce qu'il voit dans ses doctrines un obstacle, une menace, un attentat. C'est le libéralisme radical. Dans le second cas, l'État, qui ne s'occupe que de ce qui intéresse la généralité des citoyens, n'a rien à démêler avec une société, divine si l'on veut, mais qui, après tout, n'intéresse qu'une classe de citoyens; il se sépare donc de l'Église, gouverne et légifère sans égard à ses dogmes et à ses préceptes. C'est le libéralisme mitigé. Appliqués à la société, que devaient produire ces principes ? Les désastres que le Père de Ravignan prédisait, en 1834, du haut de la chaire de Notre-Dame. En s'adressant aux philosophes du naturalisme et du rationalisme modernes, il leur disait: Ennemis et flatteurs acharnés de l'humanité, avec vos doctrines vous la refoulez vers cette religion naturelle qui n'a pu la sauver de la plus honteuse dégradation ; vous ferez retomber les générations humaines dans le fatal abrutissement auquel le christianisme les a arrachées ; vous amoncellerez sur le monde, non plus les eaux du déluge qui l'inonda, mais ces flammes qui dévoreront la terre quand la foi au CHRIST aura disparu. Dans les honteux efforts de votre naturalisme, vous commettez un crime, un crime immense, un crime innommé ; c'est plus que l'homicide, c'est plus que le parricide, c'est un crime de lèse-humanité, car il n'y a de salut pour elle qu'en Notre-Seigneur JÉSUS-CHRIST.

En le rejetant quelles ruines vous ferez ! Quand Samson, saisissant les colonnes de l'édifice qui le couvrait, les renversait par terre pour écraser avec lui un grand nombre de Philistins, c'était au moins les ennemis de la patrie qu'il immolait; il sauvait et vengeait Israël. Mais vous, quand, par une inspiration satanique, vous arrachez la pierre angulaire, vous sapez la base, vous ébranlez les colonnes de l'édifice bâti par JÉSUS-CHRIST, ce sont des amis, ce sont des frères, c'est la patrie elle-même, c'est le monde tout entier que vous allez précipiter de nouveau dans les abîmes de l'erreur et de la corruption. Dans votre sacrilège délire, vous voulez l'homme sans JÉSUS-CHRIST, sans l'Église, sans la grâce ; eh bien ! l'homme sans JÉSUS-CHRIST, sans l'Église, sans la grâce, c'est l'homme dégradé, c'est l'homme avili, c'est l'homme abruti, c'est l'homme idolâtre, c'est l'homme souillé, cruel et sanguinaire. Saluez donc et chantez les progrès de l'avenir ! Les incendiaires de la Commune, les fédérés massacrant les otages ; les grévistes égorgeant leurs patrons, brûlant ou faisant sauter les usines; les socialistes, les possibilistes, les nihilistes, les anarchistes émettant publiquement leurs épouvantables projets ; les criminels augmentant, chaque jour, en nombre, en audace et en scélératesse; le tout jeune âge ne reculant plus devant le meurtre ni devant les plus odieux attentats, ont donné et donnent encore amplement raison aux prédictions qu'inspiraient au Père de Ravignan la logique de la foi et la logique de l'histoire. Pour conjurer ce mal, il fallait le combattre sans merci. A la négation ou à la méconnaissance complète des droits de DIEU, il fallait opposer leur affirmation totale. Le libéralisme catholique ne voulut point le comprendre, et compromit ainsi du même coup la défense de l'Église et celle de la société. Qu'est-ce que le libéralisme catholique ? C'est une doctrine qui professe l'obligation du christianisme pour la vie privée, et qui la rejette ou croit pouvoir ne pas en tenir compte dans la vie publique. En théorie, c'est une inconséquence, car, si DIEU a parlé, il doit être obéi aussi bien par les individus que par les sociétés, et l'État doit se conduire d'après ses lois comme le particulier. En pratique, il aboutit aux mêmes résultats que les deux autres formes du libéralisme. Nous ne savons que trop où nous ont conduits ses concessions et professions d'indépendance. L'indépendance ! Nul ici-bas n'est indépendant. Ou l'on dépend de la vérité, ou l'on est esclave de l'erreur, et la liberté ne consiste point à ne dépendre ni de rien ni de personne, mais à être affranchi de tout ce qui fait obstacle à la fin qu'on doit atteindre, et c'est la vérité qui nous procure cet affranchissement, cette liberté. Élèves des Frères des Écoles chrétiennes, fils de la vérité, soyez-lui soumis, comme des fils à leur mère; alors seulement vous serez vraiment libres, et vous pourrez sauver la société près de périr, si DIEU ne l'a point maudite et si elle veut seconder vos efforts. Vous avez entre vos mains le sort de la patrie, la vie ou la mort de la France. Par la parole, par la plume, par le bulletin de vote, vous pouvez influer sur ses destinées. Affirmez toujours et partout le principe catholique, et ne donnez vos suffrages qu'à ceux qui osent s'en déclarer nettement les tenants et les défenseurs. Pour ébranler vos résolutions, on vous dira que les temps sont difficiles, que la société n'est pas mûre pour vos doctrines, et vous répondrez que l'empire romain autrefois était hostile à l'Évangile comme l'Inde, la Chine et le Japon le lui sont aujourd'hui, et que cela n'a pas empêché les apôtres autrefois, et que cela n'empêche pas les missionnaires aujourd'hui, de le leur prêcher.

On vous dira que vous êtes des imprudents, que vous courez au-devant d'un échec, et vous demanderez à vos adversaires quelles victoires ils ont à l'actif de leur prudence, si la meilleure manière de s'assurer le concours de DIEU en combattant pour Lui n'est pas de se déclarer franchement pour sa cause. Vous leur direz enfin que si vous devez être vaincus, il vous plaît de tomber en témoins de la vérité et de conserver, dans la défaite, l'honneur de la franchise et de la loyauté.

On vous dira que vous êtes des trouble-fête, que vous déjouez des projets parfaitement concertés, que vous faites opposition à des hommes que recommandent leur talent, leurs longs services et leur habileté ; et vous direz qu'à ces plans vous demandez d'être plus neufs, et à ces hommes d'avoir davantage ce qui sauve les peuples : les principes, les doctrines et les convictions.

On vous traitera d'intransigeants.

Vous répondrez que la vérité n'a pas à transiger avec l'erreur ; que c'est à l'erreur à venir à la vérité, et que, demandant à DIEU tous les jours, dans votre prière, que son règne arrive, vous prétendez bien ne pas travailler contre son avènement. La lutte est engagée plus vive que jamais entre l'Église et la Révolution, entre les enfants de DIEU et les enfants des hommes. Les enfants des hommes marchent en rangs pressés sous leur drapeau déployé ; enfants de DIEU, ne mettons pas le nôtre dans notre poche. Le nôtre, c'est la croix qui a sauvé le monde et qui le sauvera encore, si DIEU veut le sauver. Combattons chacun sous nos couleurs et ne prenons pas celles de nos ennemis, si atténuées soient-elles. C'est une ruse de guerre qui ne fait honneur à personne, qui ne nous a jamais réussi et que doit réprouver tout catholique qui se confie en DIEU.

A l'éclair qui brille dans vos yeux, à l'impression de satisfaction qui rayonne sur votre visage, je vois que vous êtes toujours des chrétiens complets,des élèves dignes de vos maîtres, de vrais fils du Bienheureux Jean-Baptiste de la Salle. Courage donc et en avant ! En avant pour DIEU et pour les âmes, pour l'Église et pour la patrie, pour la justice et pour la liberté ! La gloire de vos victoires, comme celle de vos défaites, car il y a des défaites triomphantes à l'envi des victoires, rejaillira sur votre Bienheureux Père.

O Bienheureux Jean-Baptiste de la Salle, vous voyez ici des enfants, des jeunes hommes et des hommes unis pour vous bénir, pour vous louer et pour vous implorer. Agréez leurs hommages et appuyez leurs prières auprès de DIEU. Ils lui demandent de Lui rester fidèles dans leur vie privée comme dans leur vie publique, de vivre, de combattre,et au besoin de mourir pour Lui. O vous, leur maître et leur modèle, présentez au Seigneur leurs humbles et bien ardentes supplications. Vous êtes leur gloire, ils seront la vôtre et celle de vos bien-aimés fils. *Gloria filiorum patres eorum, et filii eorum gloria patrum.*

N'oubliez pas dans vos suffrages ceux qui nous ont quittés pour paraître devant DIEU. Hâter leur entrée dans le Ciel, c'est ajouter autant de fleurons à votre couronne. Laissez-moi recommander spécialement à votre cœur paternel les deux amis Lamblin et Leroy, que la mort a moissonnés dans nos rangs cette année. Puisse votre intercession les introduire au plus tôt dans le lieu de lumière, de rafraîchissement et de paix !

Pour nous, ô Père vénéré, après avoir appris de vous à bien vivre, nous voulons aussi apprendre à bien mourir ; à mourir au moins résignés et préparés, sinon joyeux et confiants comme vous l'étiez dans votre longue agonie. Nous relirons souvent les pages de votre histoire où se trouvent racontés vos derniers moments, et nous y puiserons force et courage pour combattre vaillamment nos derniers combats. Ainsi-soit-il.

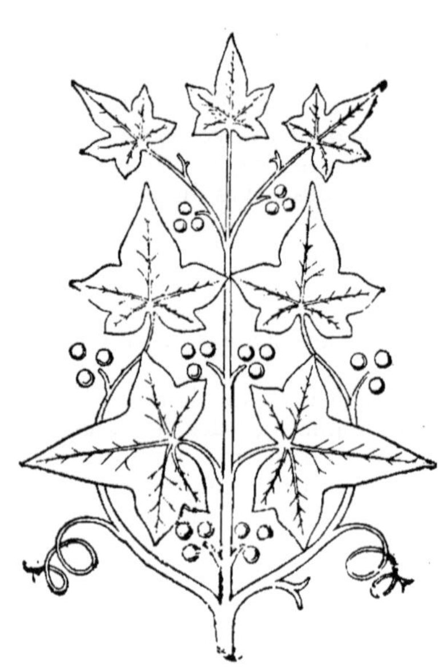

PANÉGYRIQUE du BIENHEUREUX J.-B. de la SALLE, prononcé en l'église Saint-Maurice, à Lille, par le R. P. JUTTEAU, des Frères Prêcheurs, le 6 Juillet, 1er jour du Triduum.

Super montem excelsum, ascende tu qui evangelizas Sion. (Is. XL, 9.)

Montez, montez bien haut, ô vous qui évangélisez Sion.

MES FRÈRES,

DES jours bien mauvais s'annonçaient pour l'Église. Déjà depuis un siècle, Satan avait soulevé contre elle cette effrayante bourrasque qu'on appelle la Réforme. Par elle, il avait ébranlé l'Europe et enlevé à l'Epouse du CHRIST un grand tiers de ses fils. Pourtant il n'avait fait là qu'essayer ses forces: il préparait, pour parfaire son œuvre, un assaut plus redoutable encore. Cent ans à peine allaient s'écouler, et une révolution terrible, qu'un sourd travail préparait en secret, devait éclater sur la France, et avec la France bouleverser l'univers.

Cette fois, ce n'était plus seulement sur les hommes du pouvoir et les hommes de la science que l'éternel ennemi prétendait agir, c'étaient les masses elles-mêmes qu'il voulait atteindre. Il allait jeter dans leur sein des ferments funestes d'incroyance et de révolte. Faibles comme elles étaient, simples comme elles étaient, elles devaient succomber. Hélas! on n'en pouvait douter: extrême était le péril. Le grand mal demandait un grand remède. Il fallait opposer aux violences de l'avenir et à ses séductions, des générations plus solidement trempées et plus sûres dans leur foi. Il fallait que non seulement les esprits d'élite, mais encore les humbles et les petits que le danger menaçait, fussent préparés à la lutte. Il fallait que Sion, Sion tout entière, fut évangélisée. Qui donc allait sur cette terre se faire l'instrument des desseins d'En-Haut? Un homme aux vertus vulgaires n'y eût pu réussir. Son esprit eût été trop borné pour concevoir une telle œuvre, son prestige trop médiocre pour la faire accepter. Si la Providence voulait nous assurer ce nécessaire secours, elle devait discerner entre tous celui qu'elle chargerait de l'offrir en son nom; elle devait susciter une de ces âmes généreuses, si rares en notre monde déchu, qui ne craignent pas de s'élever jusqu'aux sommets arides de la pure sainteté : « Super montem excelsum, ascende tu qui evangelizas Sion. » Montez, montez bien haut, ô vous qui évangélisez Sion !

Jean-Baptiste de la Salle fut-il digne d'un tel choix ? fut-il vraiment assez saint pour devenir l'instrument de DIEU dans cette grande œuvre de préservation et de salut ? voilà ce qu'on m'a demandé, dans ce premier discours, d'étudier devant vous.

Mes frères, durant trois jours, les ministres de DIEU monteront dans cette chaire pour faire solennellement l'éloge du grand Fondateur que le Père des fidèles a récemment placé sur nos autels. C'est une belle mission qui leur est confiée. Ils l'ont acceptée avec empressement, ils la rempliront avec une joie sincère.

Jean-Baptiste de la Salle fut dans nos temps modernes une des gloires les plus pures et les plus éclatantes de l'Église notre Mère : en le louant, c'est avant tout l'Église que nous exalterons. — Il fut le père aimé, l'inspirateur, le modèle parfait de ces vaillants religieux dont le monde chrétien apprécie si hautement le dévouement et les services immenses. En célébrant ses vertus et ses actes, nous serons heureux de donner à ses fils un témoignage nouveau de nos sympathies ardentes et de notre admiration.

Daigne DIEU bénir assez notre parole, pour qu'elle ne soit pas indigne d'un si grand dessein !

Quels sont les éléments premiers de cette sainteté éminente qu'exige la Providence de ceux dont elle veut se servir pour une œuvre vraiment grande et féconde ? Dans une page fameuse de son Évangile, le Sauveur lui-même a pris la peine de nous les signaler : « Si le grain de froment, dit-il, ne tombe en terre et n'y meure, il reste à jamais stérile. S'il se laisse enfouir et consent à mourir, il produit au centuple. » (Joh. XII, 24.) Tomber en terre, c'est être humble, mourir, c'est être sacrifié. Humilité et sacrifice, voilà les deux vertus qui, aux yeux de DIEU, pour les ouvriers de son choix, dominent et résument toutes les autres. Chercher si Jean-Baptiste de la Salle fut assez saint pour répondre aux desseins d'En-Haut, c'est donc chercher avant tout s'il fut humble et s'il fut sacrifié. Tel sera tout le but de ce discours.

I.

C'EST une grande loi, admirablement formulée par saint Paul que, dans l'ordre surnaturel, les œuvres les plus éclatantes ne peuvent être accomplies que par ceux qui se sont faits ici-bas les plus petits, les plus méprisés, les plus inconnus, les plus faibles. (I Cor., I, 27.)

JÉSUS-CHRIST, le DIEU incarné, ne s'est pas soustrait à cette loi. Avant de devenir, par la diffusion de son Évangile, le vrai prince de ce monde, il voulut, dit le Prophète, que la main de son Père vînt le chercher jusque dans cette poussière que l'on foule aux pieds, jusque dans cette fange qui inspire l'horreur. (Ps. CXII, 7.)

Pour cela, il ne s'est pas contenté d'abaisser quelque peu sa grandeur, de cacher quelque peu sa puissance, de voiler quelque peu son éclat. Il se fût reproché de garder à nos yeux le moindre vestige de sa majesté et de sa force divine. « Exinanivit semetipsum. » (Philip., II, 7.) Il s'est anéanti, il s'est montré aux hommes comme s'il n'était rien.

Ce que le maître a fait, les disciples l'ont fait après lui. Lisez l'histoire des saints. Plusieurs d'entre eux ont accompli de grandes choses. N'est-il pas vrai que c'est toujours au sein des humiliations profondes que le mystérieux appel est venu les surprendre ? N'est-il pas vrai que, quand ils ont connu les hauts desseins de DIEU, ils n'ont vu qu'un moyen de les réaliser : l'énergique éloignement de tout ce qui élève, la recherche passionnée de tout ce qui abaisse ?

Dans toute la série des siècles chrétiens, vous ne me citerez pas une seule institution vraiment durable qui ait été fondée par un homme croyant être quelque chose ou voulant le devenir.

Et cela se comprend. DIEU est jaloux. Si l'instrument qu'il emploie, épris de sa propre force, ou habitué aux exigences d'un étroit égoïsme, prétendait réclamer sa part dans la gloire, le tout-puissant et adorable Ouvrier serait trahi dans ses attraits les plus chers. Il faut que l'homme de son choix soit assez conscient de son infirmité pour ne croire jamais que des œuvres si grandes aient pu se faire par lui. Il faut qu'il soit assez dégagé des ambitions humaines pour qu'il ne songe même pas à les satisfaire par la sacrilège revendication d'honneurs immérités, « ut non glorietur omnis caro in conspectu ejus. » (I Cor., I, 27.) En un mot, il faut qu'il soit humble.

Ce dessein de DIEU apparaît avec un merveilleux éclat dans la vie du Bienheureux de la Salle.

Pour lui, être petit, être faible, être méprisé, ne sera pas, comme pour beaucoup d'autres, une nécessité de la nature. Ce sera un effet de la volonté et une victoire de la vertu. Qu'importe ? la loi de DIEU ne s'accomplira pas moins, et son mérite n'en sera que plus insigne.

Il a pour lui la naissance, la richesse, la science, un concours heureux de circonstances qui le poussent, tout jeune encore, aux dignités les plus enviées de l'Église. De plus, il vit dans un de ces siècles privilégiés où DIEU semble jeter à tout venant ces dons précieux de grandeur et d'immortalité dont d'habitude il se fait si avare.

Satan aurait-il prévu quelque chose de ses hautes destinées ? Aurait-il voulu, en accumulant autour de lui toutes ces faveurs de la fortune humaine, mettre au travers de son avenir la loi providentielle que je viens de décrire, le rendre à jamais incapable d'accomplir de grandes choses ? Ah ! Satan s'est trompé.

Le voyez-vous, quand DIEU lui fait un signe, renoncer, coup sur coup, à tous ces biens que tant d'autres convoitent ?

Il avait si noble famille, si brillante, si vantée, dont l'immense influence eût été pour son œuvre un appoint décisif. Il s'en sépare. Dans cette maison de ses pères, où se pressait naguère toute une génération de fins gentilshommes, je ne vois plus que les pauvres enfants des artisans de Reims, apportant jusqu'à lui, et leurs vêtements en loques, et leurs esprits obtus, et leurs mœurs grossières.

Il avait des amis de choix, qu'attiraient près de lui la grâce de son esprit et le charme de sa vertu. En eux il aurait pu trouver des auxiliaires précieux, ou au moins de puissants protecteurs. Il brise ces relations si douces. Je ne rencontre bientôt, se mêlant à sa vie, s'asseyant à sa table, pénétrant dans sa journalière intimité, parfois même lui commandant en maîtres, que ces humbles instituteurs pour lesquels, jusqu'à lui, le monde n'avait eu que des railleries amères et de flétrissants dédains.

Il avait des richesses. Grâce à elles, l'Institut naissant aurait vite échappé aux mépris de la foule et aux gênes douloureuses. Il les rejette comme un fardeau honteux. Et non content de s'en dépouiller, il ne veut même pas qu'il en retombe une parcelle sur ses maisons, si pauvres et si dénuées, auxquelles elles eussent apporté pourtant l'éclat du présent et la sûreté de l'avenir.

Il avait tout cet appareil de grandeur et de luxe que savaient si bien étaler les nobles de ce siècle, et devant lequel le peuple d'alors, dans sa naïve admiration, se sentait presque fier de s'incliner. Et voici que soudain, aux fines broderies, aux manteaux de soie, aux somptueuses parures succèdent des vêtements rapiécés que les voleurs eux-mêmes lui rendent avec dédain, et voici qu'aux marques de respect succèdent les huées et les pierres d'une foule qui s'ameute et le poursuit.

Il avait une des plus hautes dignités que pût alors offrir notre Église de France. Chanoine de Reims, il pouvait, comme beaucoup de ceux qui l'avaient précédé, arriver aux plus insignes honneurs. Mais il faut qu'il s'abaisse. Un jour l'évêque étonné voit l'humble prêtre déposer à ses pieds ses titres et son hermine. Il sera le dernier dans la maison de son DIEU.

Il avait l'éclat de la science. Pour cette génération qui avait vu Bossuet, que Fénelon, que Massillon, que tant d'autres charmaient encore, la science était la plus enviée des gloires. Fi de la gloire pour qui veut servir DIEU ! Le grand docteur, le savant théologien n'a plus désormais qu'un souci. Suivez-le dans ses veilles silencieuses. Il rédige et corrige des alphabets, des catéchismes, des manuels de civilité chrétienne, les plus petits, les plus humbles classiques des enfants pauvres. Sa forte intelligence refusera de s'exercer sur toute autre matière.

Il est donc fou ?

La foule le murmure. Laissons-la. N'avons-nous pas entendu le grand Apôtre : «Quand on est fou en DIEU, on est plus sage que les hommes ; quand on est faible en DIEU, on est plus fort qu'eux.» (I Cor. I, 25.)

Et il poussera jusqu'au bout cette folie sublime qui est la vraie sagesse, cette faiblesse qui est la vraie force.

La calomnie s'acharne contre lui ; il se tait. — L'ambition le veut supplanter ; il s'incline devant l'intrus et sollicite humblement ses ordres. — Les évêques, les prêtres le méconnaissent et parfois même l'attaquent ; il mange sans murmurer ce pain douloureux de l'abandon et du blâme. Plus on l'écrase, plus il triomphe. Il croit, dit l'histoire de sa vie, que le monde lui rend justice, et venge ainsi DIEU des crimes qu'il a commis.

Puis, quand la lumière s'est faite, quand son œuvre s'est déjà répandue sur notre France entière, quand ceux qui l'ont combattue s'inclinent devant elle, quand les Princes de l'Église l'approuvent et l'exaltent, croyez-vous que le saint Fondateur va se laisser gagner par l'orgueil du succès ? Ne craignez rien. Il ne s'appelle que la *bête de charge* de ces maisons qui lui ont coûté tant de larmes. Il déclare qu'il n'est propre qu'à tout *gâter*, qu'il *renverse* plutôt que d'*édifier*. Et il ne meurt content que lorsque, abaissé jusqu'au dernier rang, dépouillé librement de tout pouvoir, caché dans une obscure retraite, on l'a laissé, durant deux ans entiers, savourer à son aise les joies si désirées de l'anéantissement.

Ah ! DIEU pouvait agir par lui. Il n'avait pas à craindre de la part de son humble instrument d'injustes prétentions à la gloire. Comme aux jours du CHRIST, le grain de froment était tombé en terre, il était enfoui, bien enfoui : il avait tout droit à porter des fruits. Il en portera. Et ces fruits, chrétiens, vous les voyez, vous en jouissez. Ils sont devenus pour le monde entier la meilleure richesse, la suprême espérance.

Ah ! quel secret de puissance que l'humilité !

Je vois se presser en grand nombre dans cette vaste enceinte les disciples du Bienheureux : qu'ils me permettent un mot.

La règle austère qu'ils ont embrassée ne leur prêche que l'oubli d'eux-mêmes, que l'abdication résolue de tout ce qui, en ce monde, élève et glorifie ; qu'ils en soient fiers. Leur avenir, leur succès est là. Comme leur illustre Père, plus ils se feront petits, plus ils seront forts : « Cum infirmor, tunc potens sum. » (II Cor., XII, 10.) Ce sera vrai pour eux comme ce fut vrai pour le plus illustre des ouvriers du CHRIST.

Leurs ennemis les dédaignent. Ils méconnaissent et leurs vertus, et leur savoir, et l'immense bien qu'ils font à la France ; ils leur prodiguent les criantes insultes, et, quand ils le peuvent, les vexations iniques. Qu'ils ne s'émeuvent point de ces persécutions. Prétendre les abaisser, c'est doubler leur puissance. Plus l'homme les méprisera, plus DIEU bénira leur travail : « Contemptibiles mundi elegit Deus. » (I. Cor., I, 27.) DIEU l'a dit : sa parole ne passe pas.

II.

JÉSUS-CHRIST, malgré ses miracles, malgré ses bienfaits, n'avait pu convaincre et gagner les Juifs. Un jour il leur montra, tout près de Jérusalem, cette montagne sinistre où les condamnés de la justice humaine payaient dans les tortures et le sang leur dette d'expiation. « Voyez le Calvaire, dit-il, bientôt une croix s'y dressera. J'y serai cloué, j'y mourrai ; de là, mais de là seulement j'attirerai tout à moi. » (Joh., XII, 32.) La souffrance devait être pour lui la condition nécessaire du succès: elle doit l'être également pour ceux qui, après lui, travaillent à son œuvre.

Quand DIEU honore quelqu'un jusqu'à en faire un vase d'élection, un instrument de choix, *vas electionis*, il décide tout d'abord quelle somme de douleurs l'élu devra subir pour remplir ses desseins : « Et ego ostendam illi quanta oporteat pati. » (Act., IX, 16.)

Les apôtres reçoivent l'insigne mission de propager l'Évangile : « Ils n'osent ouvrir la bouche, nous apprend l'un d'entre eux, que quand ils ont connu la violence et l'opprobre. » (I Thess., II, 2.) Ils ont la gloire de planter dans le monde cet arbre puissant qui deviendra l'Église. Il faut, nous dit la liturgie, « qu'ils la plantent dans leur sang. » (Off. Eccl.)

Ainsi pour tous les saints. On s'étonne qu'ils aient tant souffert, on se récrie peut-être. Laissons saint Paul nous expliquer le mystère : « Pour ceux qui ne sont pas des nôtres, la croix est une folie ; pour nous, c'est la vertu et la force de DIEU. » (I Cor., I, 18.)

Que voulez-vous? Là où est le Maître, il faut que le disciple soit. Ce qui a commencé sur la terre l'œuvre du salut du monde, peut seul la soutenir et la perpétuer.

Rien de grand ici-bas, rien de durable, rien de vraiment efficace, sans la souffrance.

Le Père Lacordaire a dit un mot fameux : « Si un homme ne vous rend pas le son du sacrifice, quelle que soit la pompe qui le couvre, détournez la tête et passez : ce n'est pas un homme. » A plus forte raison ce n'est pas un saint ; à plus forte raison ce n'est pas un de ces êtres d'exception qui doivent doter la terre d'institutions fortes et bienfaisantes.

Le Bienheureux connut-il, aima-t-il la souffrance? Pour en douter, il faudrait n'avoir pas parcouru une page de son histoire.

J'ai dit son éloignement des siens. Croyez-vous qu'il fût sans douleur? Rien n'est pétri de tendresse comme le cœur des saints. Ne leur prêtez pas une dureté sauvage. DIEU, qui les a comblés de tant de dons, ne les aurait pas privés de ce besoin d'aimer qui est le plus précieux de tous. Certes, si jamais déchirement dut être sanglant, ce fut celui-là.

J'ai parlé de ses premiers contacts avec ses disciples. Pensez-vous qu'il n'en souffrît pas? Certes, il y avait loin entre les compagnons qu'il s'associa d'abord et ce prodige de dévouement et de bonté qui s'appela depuis le Frère des Écoles chrétiennes. Les leçons et les exemples d'un saint n'avaient pas encore transfiguré leurs natures abruptes. Il les avait pris tels que DIEU les lui donnait, avec leur ignorance, leurs manières informes, leurs prétentions, leurs défaillances fréquentes, parfois leurs trahisons. Mais aussi quel douloureux enfantement! Laissons le saint parler. Tel est le contraste qui s'établit dès l'abord entre la rudesse de ces pauvres gens et les exigences de sa délicatesse native, qu'il nous avoue lui-même, dans sa noble franchise, que la pensée d'un tel rapprochement lui inspira longtemps de violentes répugnances, et le poussa vingt fois à déserter son œuvre.

Et ce n'était là pourtant qu'un premier pas dans cette rude carrière de l'immolation où il devait marcher.

Réuni à ses humbles fils, il se décide vite à embrasser leur vie. Le voyez-vous, ce prêtre qui ne s'est jamais assis qu'à la table somptueuse de sa noble famille, en face de ce pain dur et noir, de ces grossiers légumes dont vit le pauvre peuple? Son cœur bondit, son courage défaille. Il faut qu'il se soumette à une diète terrible pour vaincre par la faim une nature qui se soulève. Et encore l'heure viendra où, réduit librement à la plus suprême indigence, il devra, dans les communes disettes, se retrancher à lui-même, pour soutenir ses frères, la meilleure part de ce maigre aliment. Et puis, c'est la grosse robe de bure ; ce sont les réduits ténébreux, bas, humides, que, de préférence, il choisit pour cellules ; ce sont les longs voyages à pied et en mendiant ; c'est tout ce qui peut devenir, pour les déshérités de ce monde, l'apanage de la plus douloureuse et de la plus humiliante misère.

Et pourtant il se dit que son lot de souffrance est trop petit encore.

Il est des choses, dans la vie des saints, dans la vie de tous les saints, qu'on ose à peine redire devant le vulgaire des hommes. On craint des étonnements, des murmures, des scandales. Je parlerai quand même : si je me taisais, je tromperais votre attente.

Soulevons le voile. J'ai devant moi des âmes croyantes. Elles sont dignes de contempler le plus émouvant et le plus divin des spectacles. Voyez-vous cette verge armée de fers, voyez-vous cette haire aux rudes aiguillons, voyez-vous cette ceinture dont les pointes acérées pénètrent et déchirent ? Regardez les membres amaigris du saint : que de plaies, que de violentes meurtrissures ! Regardez les murs et les pavés de sa pauvre chambrette, que de traces sanglantes ! Ah ! c'est folie. Oui, c'est folie, cent fois folie, mais folie de la Croix ; donc suprême sagesse ! Et que dirai-je maintenant des jeûnes ne s'arrêtant que pour être suivis de jeûnes plus rudes encore ; et des veilles douloureuses ; et du court sommeil pris sur une planche nue ou sur le sol glacé ; et de ces infirmités longtemps dissimulées pour fournir à l'insatiable pénitent l'occasion toujours avidement cherchée d'un martyre inconnu ?

Ah ! il s'est bien cloué à la croix avec JÉSUS son Maître : « Christo confixus sum cruci. » (Gal., II, 19.)

Mais, s'il est grand de chercher spontanément la souffrance, il est peut-être plus grand de l'accepter sans révolte et sans trouble, quand, en vertu de volontés qui ne sont pas les nôtres, et d'événements que nous n'avons ni désirés ni fait naître, elle vient fondre sur nous.

L'Institut de la Salle est pour le monde entier un éclatant bienfait. Vous croyez peut-être que le monde l'accueillera par des chants de triomphe?

DIEU veut autre chose pour les œuvres qui sont siennes.

Tout se réunit pour accabler le saint Fondateur. C'était écrit, l'immense et merveilleux édifice qu'il travaillait à construire, ne devait avoir pour fondement que la douleur.

Les maitres laïques auraient dû tendre des bras de frères à ces nouveau-venus, qui, sans porter atteinte à leur maigre fortune, allaient prendre sur eux la part la plus lourde et la plus répugnante de leur tâche. Ils auraient dû comprendre que leur profession sacrée, leur habit bénit par l'Église, et surtout leurs éclatantes vertus, allaient ennoblir un état jusque-là dédaigné. Ah! ils n'y songent même pas. Je les vois jurer à Jean-Baptiste une haine que rien n'apaisera, le poursuivre jusqu'à ses derniers jours, soulever contre lui et le peuple et les grands, ébranler sans cesse l'œuvre qu'il veut fonder.

Les magistrats auraient dû applaudir à la pensée généreuse qui préparait à la France entière les plus féconds éléments de vraie prospérité et de progrès moral. Et voici qu'ils entassent arrêts sur arrêts, pour expulser l'humble prêtre des écoles qu'il vient d'ouvrir, des villes mêmes qu'il habite. Et voici qu'ils mettent en mouvement toutes les habiletés de leurs lois tracassières, pour entraver et ruiner sa sainte entreprise, comme s'il se fût agi d'un grand fléau public et d'un péril social!

Les prêtres auraient dû soutenir de toute leur influence, si grande en ces temps, cet homme admirable qui, sorti de leurs rangs, se vouait, au prix de tous les sacrifices, au plus fructueux des apostolats, et leur préparait pour de longs siècles toute une armée de puissants auxiliaires. Et voici que DIEU permet que, parmi eux aussi, un grand nombre s'aveuglent, méconnaissent la mission de Jean-Baptiste, et souvent, par suite de cette inexplicable erreur, apportent à son dessein le plus terrible obstacle !

Les peuples auraient dû acclamer comme un libérateur, saluer comme un ange du Ciel, celui qui venait d'imaginer pour eux l'institution la plus éminemment bienfaisante qui se fût conçue depuis des siècles. Pour toute récompense, ils jettent au saint Instituteur les pierres, la boue, l'outrage !

Il est comme son Maître : *signum cui contradicetur* (Luc., II, 34), le point de ralliement de toutes les oppositions et de toutes les haines. Volontiers, on croirait, ce que son humilité du reste lui a depuis longtemps suggéré, que sa présence en un lieu suffit pour attirer sur ceux qu'il s'est unis la persécution et les violences.

Allez-vous croire que la nature du Saint était insensible à toutes ces attaques ? Ah ! pour n'être pas ému, il lui aurait fallu, selon le mot de saint Jérôme, être « ou une pierre ou un DIEU. » Il n'était ni l'un ni l'autre.

Entendez-le.

« Si DIEU, en me montrant le bien que pouvait procurer cet Institut, m'eût aussi découvert les peines et les croix qui devaient l'accompagner, le courage m'eût manqué, et je n'aurais osé le toucher du bout des doigts, loin de m'en charger. »

Évidemment, si fortes qu'aient été ses épaules, le fardeau pesa, pesa bien lourdement sur elles.

Et pourtant il continua. — Et pourtant, loin de rester abattu sous les coups qui le frappaient, il se relevait plus ardent et plus fort. Et pourtant il déclarait tout haut que son œuvre ne vivrait que par de telles épreuves.

O Croix, dans ce long martyre du serviteur de DIEU, quelle intelligence profonde de ton mystère, quelle foi en ta puissance!

C'est bien toujours la parole du CHRIST : « Là où est le Maître, là sera le disciple. » — C'est bien surtout la vivante réalisation de la grande promesse : « Quand le grain tombe en terre et consent à y mourir, il produit au centuple. »

O fils du Bienheureux, vous aussi vous avez votre croix à porter. Ne l'oubliez jamais : pour vous comme pour lui, elle est la force, elle est l'avenir.

Vous vous êtes faits religieux. La vie religieuse, on ne vous l'a pas caché, c'est la souffrance à l'état de principe ; c'est l'immolation toujours renouvelée et toujours douloureuse ; c'est l'*écorchement de la victime*, comme disait un grand saint. A certaines heures peut-être la nature se voudrait récrier. Laissez-la. C'est une aveugle, elle ne sait rien des secrets d'En-Haut. Triomphez de vos sacrifices, baisez vos chaînes bénies. Plus vous aurez souffert, plus votre œuvre sera victorieuse et votre vie féconde.

Le monde vous persécute. Nous le voyons aujourd'hui se montrer plus fier d'une pauvre école qu'il ferme, ou d'un Frère qu'il honnit, qu'il ne le serait d'un de ces faits éclatants qui vengent un peuple et le relèvent de ses hontes. — Ne maudissez pas ses violences. Ah ! sans qu'il s'en doute, il vous offre des armes. Quand la Croix devient un étendard, c'est un étendard qui fait vaincre : « Hoc signo vinces. »

J'aime le cep qu'émonde sans pitié le fer du vigneron. Il en sortira des pousses plus vigoureuses et des grappes plus riches. J'aime le chêne qu'agite violemment le vent de la montagne. Il plonge plus profondément ses racines dans la terre. Il portera jusqu'au ciel de plus puissants rameaux.

Réclame tant que voudra la sagesse mondaine ; je le dis après mon Évangile : vous souffrez, tant mieux ! c'est le moyen d'être forts et de ne jamais périr : « Hoc signo vinces. »

Mes frères,quand le Vicaire du CHRIST décernait à J.-B. de la Salle l'insigne honneur de la Béatification, il ne se proposait pas seulement d'exalter son œuvre et de réjouir ses fils ; il voulait offrir à notre génération un saisissant modèle de toutes les vertus.

Vous rendez aujourd'hui au saint fondateur un incomparable hommage. C'est bien ! vous donnez là une haute idée de votre foi chrétienne, vous prouvez que vous savez payer, par une reconnaissance sincère, de grands bienfait reçus. Faites mieux encore. Offrez au Bienheureux le culte qu'il préfère : celui d'une généreuse et constante imitation.

L'orgueil est la grande plaie du siècle. On veut briller, on veut s'élever, on veut secouer tout joug. Voilà pourquoi on s'éloigne d'une religion qui n'impose que l'oubli de soi-même et le mépris de tout éclat menteur. A l'exemple de Jean-Baptiste, laissez résolument de côté toutes ces prétentions d'une vanité mesquine. Petits devant les hommes, vous serez sûrs d'être grands devant DIEU.

Le monde ne cherche qu'à jouir. Tout ce qui flatte les sens l'attire et l'enchante, tout ce qui les comprime l'éloigne et l'irrite. Aussi le voyons-nous briser, de plus en plus, avec un Évangile dont l'austère morale condamne sa mollesse. Croyez, comme Jean-Baptiste, aux grandes leçons de la Croix. Ayez le courage, si rare aujourd'hui, de regarder en face cette pénitence chrétienne qui seule relève et sauve. Sachez souffrir comme lui.

Après vous être faits sur cette terre les imitateurs de ses hautes vertus, vous deviendrez au Ciel les associés de son bonheur et de sa gloire pendant l'éternité.

Ainsi soit-il.

PANÉGYRIQUE du BIENHEUREUX J.-B. de la SALLE, prononcé par le R. P. ORHAND, de la Compagnie de Jésus, le 7 Juillet, deuxième jour du Triduum.

Laudemus viros gloriosos et parentes nostros in generatione sua. (Eccles. 44, 1.)

Chantons les hommes glorieux et nos pères et leur race.

MES FRÈRES,

BIEN que l'Église, née dans les humiliations du Calvaire, ne prêche que l'humilité et n'encourage point à prodiguer la louange qui engendre l'orgueil. toutefois nous devons louer les hommes glorieux dont nous sommes la race, et c'est l'ÉcritureSainte qui nous l'ordonne.

En général, il n'est point de créature qui ne mérite quelque louange ou quelque ombre de gloire, à cause du Créateur dont elle est au moins un vestige. A plus forte raison, tout homme, image et ressemblance de DIEU, a-t-il droit au respect, surtout quand il n'est pas indigne de ce grand nom. Dès lors, comment ne pas louer l'homme qui s'est couvert de gloire par l'éclat de son génie ou la beauté de sa vertu ? En l'honneur des héros et des saints, il faut que la louange retentisse éclatante : *Laudemus viros gloriosos...*

Que si les hommes glorieux ont droit aux applaudissements du genre humain, combien plus, s'ils ont l'honneur d'être pères, ont-ils droit d'être chantés par les générations qui leur doivent l'être et la vigueur ! Rien de plus naturel et de plus légitime que ces applaudissements de la famille. La couronne des vieillards, ce sont les enfants de leurs enfants, comme il est écrit au livre des Proverbes (XVII, 4) : *corona senum, filii filiorum*, et les enfants peuvent s'enorgueillir lorsque les pères sont glorieux : *et gloria filiorum, patres eorum.* Si donc il est juste de louer les héros et les saints, il est plus juste encore de louer les aïeux dont la valeur ou la vertu fut admirable : *et parentes nostros in generatione sua.*

Parmi ces hommes glorieux,parmi ces chefs de race,le Bienheureux Jean-Baptiste de la Salle a su conquérir un noble rang. Aux applaudissements de la chrétienté, au milieu des chants et des sourires de sa famille fière et joyeuse, le voilà qui monte en triomphateur sur l'autel comme sur un trône et qui contemple le monde à ses pieds. Louons donc cet homme glorieux, ce père illustre et bienheureux dans la race qu'il engendre : *laudemus viros gloriosos et parentes nostros in generatione sua.*

La gloire de cet homme, ç'a été d'être le père d'une famille religieuse. Essayons, chrétiens, d'en admirer la *splendeur* et la *cause.* C'est par ce côté que nous contemplerons le Bienheureux Jean-Baptiste de la Salle dont la vie, la vertu et l'œuvre, vous ont été racontées par tant de voix éloquentes.

I.

DIEU seul est Père, comme il est seul Créateur. Père, il engendre éternellement un Fils qui est la splendeur de sa gloire et comme le beau visage de sa substance. Créateur, il jette au loin des reflets qui sont brillants pour nous, quoique bien pâles devant lui. Lointain reflet de la force créatrice, la paternité, à la fois royale et sacerdotale en son principe et dans son fond, nous apparaît justement comme le plus admirable des reflets divins. Aussi, dans la Sainte Écriture, rien de plus grand que le patriarche, c'est-à-dire, le père, le roi, le prêtre d'une postérité nombreuse. Lorsque DIEU veut bénir, il ne parle point des merveilles du génie, des triomphes de la force, mais d'une race qui se multiplie et se perpétue à travers les contrées et les siècles. Les Saints Livres nous déclarent qu'il ne s'est rencontré personne qui fût aussi glorieux qu'Abraham : *et non est inventus similis illi in gloriâ* (Eccles. 44, 20). La raison de sa gloire sans pareille, c'est que sa grande paternité s'étendait à la foule des nations : *Abraham magnus pater multitudinis gentium* (ib. 20). DIEU lui donne la bénédiction par excellence : « Tu seras, dit-il, le père de nations nombreuses : *erisque pater multarum gentium* (Gen. XVII, 4), et cette bénédiction le fit croître et grandir comme la terre entassée qui devient montagne : *crescere illum quasi terræ cumulum* (Eccles. 44, 22). Parce qu'il reçut de DIEU la puissance de donner la vie à une race innombrable comme la poussière de la terre : *faciamque semen tuum sicut pulverem terræ* (Gen. XIII, 16) et comme les étoiles du firmament, *et sicut stellas exaltare semen ejus* (Eccles. XLIV, 23), la gloire d'Abraham fut incomparable, au point que les Juifs objectaient sa grandeur à JÉSUS-CHRIST : « Es-tu plus grand, toi, que notre père Abraham ? *Numquid tu major es patre nostro Abraham ?* » (S. Jean, VIII, 53.)

Dans l'Église, le sacerdoce est une paternité spirituelle qui ne saurait paraître inférieure à la paternité d'Abraham. On a dit très admirablement que nul n'est père autant que DIEU, *nemo tam pater*. Cette parole profonde est vraie de tout prêtre, mais bien plus du Souverain-Pontife, en qui le sacerdoce a toute sa majesté, la paternité, toute sa puissance, la royauté, tout son éclat. Abraham pâlit à côté de S. Pierre et du Pape.

Autour du Pape comme autour d'Abraham, il y a des paternités moindres, des familles plus ou moins étendues, des races plus ou moins illustres. A côté des évêques qui eurent l'honneur de fonder les Eglises,et d'être ainsi les pères d'une postérité brillante, voici les patriarches de la vie religieuse, les fondateurs de ces Ordres célèbres que les siècles n'ont pas épuisés, et qui demeurent toujours parmi nous comme une vigueur et une splendeur. A voir ces robustes générations plusieurs fois séculaires, on devine la force et la vertu de ces hommes glorieux qui sont leurs parents, et l'on songe à cette parole de l'Ecclésiastique (XXXIX, 27) : *Benedictio illius quasi fluvius inundans*, la bénédiction de DIEU est comme un fleuve qui roule au loin ses ondes. Quand un fleuve est puissant, on remonte très haut pour en admirer la source, que l'on trouve profonde et féconde. Quelle source merveilleuse n'ont pas ces larges fleuves dont s'enrichit et s'embellit la chrétienté : les Bénédictins, les Carmes, les Chartreux, les Franciscains, les Dominicains, les Jésuites et tant d'autres ! De même que l'Église jaillit du Cœur de JÉSUS, ces fleuves jaillissent du cœur de Benoît, de Bruno, de François d'Assise, de Dominique, d'Ignace, de Thérèse, de François de Sales, de Vincent de Paul... Quels nobles cœurs! et ne faut-il pas s'écrier qu'il n'est point de gloire qui soit pareille ? Leur amour de DIEU et des âmes était si ardent, que l'Église en est encore enflammée, leur vertu si puissante, qu'elle coule encore et que ses flots continuent de porter en tout lieu la fécondité, les fleurs et les fruits de la terre et du ciel. Rien n'est plus beau.

Le Bienheureux de la Salle a-t-il le droit d'entrer, le front haut,dans cette assemblée particulièrement glorieuse ? Oui, mes frères ; car, ni saint Benoît, ni surtout saint Ignace ou saint Vincent de Paul, ne voudraient lui interdire les portes que franchissent les hommes illustres, les sénateurs de la terre : *Nobilis in portis vir ejus, quando sedebit cum senatoribus terræ* (Prov. XXXI, 23). Il a des enfants qui s'avancent en grand nombre, à flots pressés, les mains pleines d'œuvres, et qui réclament pour lui l'honneur d'une puissante paternité. Ouvrez vos portes, ô princes du ciel, ô fondateurs de saintes familles, *attollite portas, principes, vestras !* (Ps. XXIII,7.)Voyez les milliers de modestes Frères qui sont les vaillants fils de Jean-Baptiste de la Salle, et les milliers de petits enfants qui chantent sa glorieuse paternité : *laudemus viros gloriosos*... Depuis deux siècles,sur le sol de la France et sur tous les points du monde,coulent abondants les flots de cette humble source que rien n'a pu tarir. Votre couronne à vous, les vieillards de la vie religieuse, c'est le nombre de vos enfants, et, nous l'avouons, cette couronne antique a quelque chose de vénérable et d'auguste, devant quoi toute nouveauté s'incline : *corona senum, filii filiorum.* Mais Jean-Baptiste de la Salle a des enfants, plus obscurs sans doute, plus nombreux peut-être, et ces enfants font une couronne à sa vieillesse déjà deux fois séculaire. Ouvrez donc vos rangs au vieux père d'une telle génération : *attollite portas, principes, vestras !...* Et vous, les heureux fils de tels ancêtres, qui ne fûtes pas toujours si nombreux ni si glorieux, ne refusez pas de faire une place à ces frères nouveaux que DIEU vous donne, à cette jeune famille qui admire votre gloire antique et ne compte point l'égaler, à ces enfants d'un père qui leur fait tant d'honneur. Leur père est un grand Saint de la même trempe que vos pères. Donc, Ordres antiques, les premiers dans l'Église, ouvrez vos rangs à cet Institut que l'Église a béni et dont le fondateur est proclamé Bienheureux. *Attollite portas, principes, vestras !...* L'humble Institut n'a que deux siècles d'histoire, et le fondateur n'est que Bienheureux : mais entendez ces 12.000 frères qui font le serment de rendre immortel leur Institut et de conquérir à leur Bienheureux Père les splendides honneurs de la canonisation! Cette nouvelle famille a déjà de beaux titres de noblesse. Approuvée par l'Église, applaudie par les nations chrétiennes, persécutée par les ennemis de DIEU, ornée de maisons florissantes, aimée du peuple pour son dévouement et de l'armée pour sa bravoure, pleine d'avenir, elle n'est pas indigne de marcher à la suite des Ordres religieux.

Et c'est là, chrétiens, la gloire de votre Bienheureux dans tout son éclat. Sa vertu n'est pas seulement l'extraordinaire vertu qui fait les Saints, c'est une vertu plus haute et plus large et plus profonde, une vertu assez forte pour servir de fondement solide à quelque vaste édifice : d'autres ne portent qu'une humble cabane où s'abritent de rares enfants. Quelle immense demeure il fallait aux Frères des Écoles chrétiennes, et quel granit robuste voulait, en ses fondements, pareille demeure !.. La vertu des fondateurs contient la substance de l'œuvre qu'ils fondent, et n'apparaît qu'avec le temps. Lorsque le temps, qui détruit tout, développe cette substance, la fait fleurir et s'épanouir et porter d'excellents fruits, on se rend compte d'une telle vertu, et l'admiration ne cesse pas de grandir. La vertu du Bienheureux de la Salle a fait ses preuves : il est fondateur d'un Institut religieux, il est père d'une famille divine, il a le droit de s'asseoir parmi les Instituteurs des Ordres religieux; ce qui est très beau, n'eût-il que la dernière place.

Car la gloire éclatante des Instituts religieux n'est point contestable dans l'Église. Est-ce que les plus beaux siècles de l'Église n'ont pas vu surgir les couvents comme des lumières et des forces? L'histoire des nations chrétiennes a-t-elle beaucoup de noms plus vantés que les noms de ces héros qui eurent la puissance et la grâce d'ébranler les âmes, de les pousser jusqu'à l'héroïsme et de les consacrer à la poursuite de l'idéale perfection chrétienne? Aussi, du moins dans les chapelles de leurs enfants, leur culte ne manque-t-il d'aucun des privilèges qu'ont les fêtes les plus solennelles, et voyons-nous Léon XIII, savant Docteur, Pontife infaillible, qui les présente avec plus de grandeur à la vénération de toute l'Église. Fondateurs d'Ordres, d'Instituts, de Congrégations, fondateurs de familles religieuses, vous avez une place de choix sur les autels, comme dans le ciel et dans l'histoire. Et vous, Bienheureux Jean-Baptiste de la Salle, héroïque fondateur de l'Institut des Frères des Écoles chrétiennes, vous êtes assis, couronné de gloire, en cette glorieuse assemblée des sénateurs de la terre et du ciel : *quando sedebit cum senatoribus terræ.* C'est pourquoi nous chantons vos louanges : *laudemus viros gloriosos et patres nostros in generatione sua.* Rien n'est d'ailleurs plus juste que nos chants, car il n'est pas une louange qui paraisse mieux méritée, si nous en jugeons par la *cause* d'une pareille *splendeur.*

II.

EN effet, chrétiens, DIEU met à un très haut prix l'honneur insigne d'avoir une postérité nombreuse. Si la paternité d'Abraham lui valut une gloire sans égale, c'est que le grand patriarche fut obéissant à la voix de DIEU et qu'il ne recula devant aucun sacrifice. DIEU lui disait : « Je te donnerai une » race immense, un nom magnifique, une bénédiction universelle. » Mais commence par sortir de ta patrie, de ta parenté, de la » maison de ton père : *Egredere de terra tua...* » (Gen. XII.) Cela ne suffisait point encore, et DIEU dit : « Abraham ! Abraham ! » — « Me voici, » répondit le patriarche obéissant. — « Prends ton » fils unique, ton fils bien-aimé, et va me l'immoler sur la mon- » tagne. » Et, sans faire une objection, sans murmurer un désir suppliant, sans pousser une plainte, Abraham saisit le glaive !.. Mais DIEU dit encore : « Abraham ! Abraham ! » Le patriarche répondit avec la même obéissance : « *Adsum,* me voici, » et la bénédiction divine n'eut plus de bornes : « En ta race seront » bénies toutes les nations de la terre pour ton obéissance à ma » voix. » (Gen. XXII.)

De même, chrétiens, pour être patriarche dans l'Église, il faut obéir à l'appel de JÉSUS-CHRIST et le suivre au Calvaire.

Certes, il n'est pas de chrétien qui ne doive, pour être sauvé, se détacher de la terre et porter sa croix. Mais ni le détachement ni la croix ne sont les mêmes pour toutes les âmes. Plus on est saint, plus on a dû briser de liens et de fibres, plus la croix se fait lourde. Les chefs des races divines et des familles religieuses ont besoin d'une sainteté plus haute et plus éloquente, qui soit vue de plus loin et entendue plus longtemps par les âmes qu'entraîne et qu'emporte l'idéal. Aussi en est-il des fondateurs comme de JÉSUS-CHRIST. JÉSUS-CHRIST n'entraina tout et ne voulut tout entraîner que du sommet de la croix, alors qu'il était élevé, sur le Golgotha d'abord, puis sur le gibet, plus loin de la terre et plus près du ciel : *Et ego, si exaltatus fuero a terra, omnia traham ad meipsum.* (Jean, XII, 32.) C'est de là, de cette hauteur sombre, ensanglantée, effrayante, que le Fondateur de l'Église appelle les fondateurs d'Instituts religieux. « *Veni,* » *sequere me:* Viens, suis-moi, toi que je destine à tant de gloire... » Je veux te donner une grande race avec un nom magnifique, » *faciamque et ingentem magnam... et magnificabo nomen tuum.* » Mais ce n'est point dans ta patrie, au milieu de tes richesses, » ni dans ta famille, au milieu de tes joies. Sors de ta patrie et » de ta famille ; viens et suis-moi jusque sur la montagne où la » volonté qui s'immole obtient la bénédiction suprême. » Et les grands Saints, par les voies les plus âpres, ont suivi le divin Maître, non seulement jusqu'au pied, mais jusque dans les bras de la croix, d'où leur puissance paternelle descend féconde et d'où ils s'attirent l'admiration et l'amour de leur postérité bénie. *Et ego, si exaltatus fuero a terra, omnia traham ad meipsum.*

« Viens, disait doucement JÉSUS-CHRIST au jeune adolescent, Jean-Baptiste de la Salle, viens, suis-moi. » Et l'adolescent n'aimait que la prière, ne trouvait de charme que dans la vie des Saints. « Viens, disait JÉSUS-CHRIST d'une voix plus forte, viens, suis-moi. » Et le jeune homme sortait de la noble terre où l'on rêvait pour lui d'opulence et de gloire, et, d'un pied ferme qui foulait avec mépris la fortune, la noblesse, l'ambition, Jean-Baptiste de la Salle montait à l'autel. « Viens, disait JÉSUS-CHRIST d'une voix plus pressante, viens, suis-moi..» Et le chanoine, abandonnant sa place d'honneur, sortait de la plus brillante des cathédrales de France, renonçait aux dignités ecclésiastiques non moins qu'aux dignités du monde. On disait déjà : « C'est un Saint, » et que faut-il de plus ?

JÉSUS-CHRIST, qui l'aimait ardemment, voulait davantage et disait de sa voix la plus impérieuse : « Viens, suis-moi. Viens » donc plus loin de la terre et plus près de mon Cœur ; suis-moi » jusqu'à la perfection totale entre les bras de ma croix triomphante... » Et le vaillant prêtre s'engageait davantage dans la rude montée du Calvaire, à travers plus de sacrifices, de douleurs et d'opprobres.

Mais quoi ! la perfection totale, c'était la pauvreté parfaite, le vœu de pauvreté !.. Et Jean-Baptiste de la Salle, en deux ans, donnait toute sa fortune aux pauvres, sans rien garder pour les besoins si grands de sa famille naissante. Désormais, toute pauvreté lui sourit. Quelle cellule sera jamais trop misérable et trop petite pour cet amant de la pauvreté, pour ce père et cet instituteur des petits et des misérables! On raille,dans les rues et les salons de Reims, on raille sa laide soutane d'étoffe grossière, le vêtement alors ridicule de ses premiers frères : qu'importe ? Sa nourriture est tellement pauvre que sa nature délicate en éprouva le plus violent dégoût, jusqu'à ce que la grâce en eût enfin triomphé par une sorte de miracle. Combien de fois il eut faim et n'eut pas de quoi calmer la faim de ses enfants ! Certes, voilà un vœu de pauvreté admirablement poussé jusqu'à l'héroïsme. O DIEU, que Jean-Baptiste de la Salle a bien quitté sa terre et sa fortune : *egredere de terra tuâ !* O CHRIST dépouillé sur la croix, que ce pauvre vous a bien suivi jusqu'où l'appelait votre dénûment : *veni, sequere me !* Alors, ô DIEU pauvre, qui le clouez avec vous sur le pauvre gibet de la croix, donnez-lui la puissance d'arracher les âmes aux séductions de la fortune et de les entraîner jusqu'à vous ! *Et ego, si exaltatus fuero a terra, omnia traham ad meipsum.*

Aussi, chrétiens, quelle bénédiction splendide ! N'est-ce pas une belle nation, populeuse et florissante, cette famille des Frères des Écoles chrétiennes, qui couvre la France et se répand de toutes parts dans l'Église ? La grâce de son fondateur a eu la puissance de multiplier les vocations, malgré les sacrifices très pénibles qu'exige un Institut si rude,où rien ne semble de nature à flatter l'amour-propre et d'où sont écartées les consolations du sacerdoce. Quand l'attrait naturel fait défaut, la grâce a besoin d'intervenir avec plus d'énergie, et c'est la gloire du Bienheureux de la Salle. Il s'en va, dans les familles les plus humbles, chercher des ignorants dont il fait, non pas des *Ignorantins*, mais d'excellents maîtres. Il s'empare d'heureux talents dont le sanctuaire se trouverait honoré, et leur inspire de s'arrêter au bas du temple dans une courageuse obscurité qui mérite les applaudissements des Anges. Combien cette race humble et forte fait honneur à son glorieux Père ! Elle a su le faire entrer dans sa gloire et monter sur les autels. C'est justice d'affirmer qu'elle est bienheureuse et glorifiée du même coup.

Dites, chrétiens, si l'Institut des Frères des Écoles chrétiennes n'a pas conquis ses droits à l'honneur. Outre ses vertus privées, sa pauvreté toujours si pénible, ses fatigues toujours si écrasantes, son humilité toujours si vraie, l'Institut peut nous montrer ses vertus publiques. Sans parler de ses héros morts sur le champ de bataille, est-ce que les enfants de ses écoles ne sont pas la joie des familles? Les familles chrétiennes ne sont désolées ni par l'insolence ni par l'ingratitude, grâce au clergé sans doute, grâce aussi pourtant aux Écoles des chers Frères. Les élèves de l'Institut des Frères sont la vigueur des peuples ; car les enfants chrétiens sont aisément des citoyens utiles, des soldats hardis, des hommes toujours prêts, non pas à chercher leurs médiocres intérêts dans les malheurs de la patrie, mais à souffrir et à mourir pour que la terre sacrée des ancêtres ne soit ni mutilée ni profanée. Quelle France heureuse et glorieuse nous ferions, nous prêtres et religieux, si nous étions libres! Ah! qu'on nous donne la liberté !...

O Bienheureux de la Salle, qu'il m'est permis de contempler à côté de saint Ignace, obtenez à vos fils et à nous la liberté de former comme autrefois de vrais chrétiens et des Français invincibles. Vous et saint Ignace, vous êtes fondateurs d'Instituts qui se ressemblent, qui se touchent, qui travaillent de concert pour achever ce chef-d'œuvre qu'on appelle un homme, un chrétien, un digne enfant de la France et de l'Église. O Bienheureux Jean-Baptiste de la Salle, de concert avec saint Ignace, bénissez les fils d'Ignace qui sont fiers de chanter vos louanges. Bénissez les enfants, les parents et les amis qui sont venus vous remercier, vous applaudir et vous invoquer. Bénissez votre famille, si belle en sa modestie, si modeste en son triomphe, afin qu'elle soit toujours admirable à son poste de péril et d'honneur. O Bienheureux, faites qu'un jour nous ayons part à votre bonheur éternel. Ainsi soit-il!

ALLOCUTION prononcée en l'église Saint-Maurice, par M. l'abbé HENNOUSSE, Aumônier des Frères, le Dimanche 8 Juillet 1888, jour de la clôture du Triduum, à la Messe de Communion à laquelle assistaient les Frères de la Communauté de N.-D. de la Treille et St-Pierre, les membres des Œuvres catholiques, les élèves actuels et les anciens élèves du Pensionnat, le cercle St-Louis et les membres de l'Œuvre de la Jeunesse, les anciens élèves des écoles libres et des écoles communales, les élèves de l'école de Commerce.

LE 19 février de l'année 1888 comptera désormais parmi les dates les plus mémorables de l'Institut des Frères des Écoles chrétiennes. Ce jour-là, Rome donnait au monde catholique, en l'honneur du Bienheureux Jean-Baptiste de la Salle, le signal de fêtes solennelles auquel tant de royaumes, de cités, de paroisses,ont déjà répondu. Pour honorer l'une de ses gloires les plus pures, l'un de ses plus fermes appuis, le bienfaiteur de l'enfance, la France, appelant à son aide les arts, la poésie, l'éloquence, a entouré de magnificence et d'éclat les triduums consacrés à sa glorification. Toutes les voix de la publicité nous ont dit avec quel élan et quelle splendeur les ont célébrés Reims, qui fut le berceau du vertueux prêtre ; Rouen, qui garde sa tombe ; Paris, où la Providence a placé le siège de son Institut. DIEU soit béni ! notre bonne ville de Lille n'aura point à souffrir de la comparaison. Elle a toujours le culte des Saints et celui de la reconnaissance. Dès que Monseigneur l'Archevêque eut fixé l'époque du *Triduum* que nous devions célébrer en l'honneur du Bienheureux Jean-Baptiste de la Salle, le vénéré pasteur de cette paroisse, cet autre apôtre de l'enfance, nous ouvrit avec bonté les portes de son église ; de pieuses dames, que le pauvre bénit et que la cité est habituée à voir à la tête de ses œuvres les plus saintes, se réunirent en comité, et vous voyez ce qu'est devenu ce vaste temple sur leur puissante initiative. Depuis jeudi dernier, le Bienheureux Jean-

Baptiste de la Salle a reçu ici, presque chaque jour, de nouveaux hommages.

Il a vu s'incliner devant lui l'éminent prélat dont le nom restera glorieusement attaché à la fondation d'une des plus grandes œuvres catholiques de ce siècle, celle de la restauration en France des Universités catholiques ; les zélés curés de nos paroisses qui venaient l'implorer pour les asiles, les écoles, les patronages que, de concert avec de généreux fidèles, ils ont élevés, comme un dernier rempart, à la foi catholique, à la conscience chrétienne et à la liberté ; les enfants qui accouraient pour le bénir ; les fidèles qui venaient, au pied de son autel, apprendre le prix des âmes et s'encourager aux sacrifices nécessaires à leur salut ; ses fils enfin qui le suppliaient pour rester toujours dignes de lui, leur bien-aimé Père. Chaque matin et chaque soir, d'éloquents orateurs célébraient à l'envi ses vertus et son œuvre, et, à tous les offices, des voix suaves chantaient ses louanges avec un talent que la piété filiale grandissait encore. Aujourd'hui, notre pieux Archevêque vient donner à la clôture de ce *Triduum* l'éclat tout particulier d'un office pontifical, et mettre sous le patronage de notre Bienheureux l'œuvre des écoles libres qu'il a fondée dans le diocèse, et qui restera comme une grande œuvre de son épiscopat. Des cérémonies imposantes se succéderont pendant toute cette journée, et la parole puissante d'un prêtre que Douai vénère et bénit, et dont Lille garde toujours le souvenir, animera toutes ces solennités.

A en juger par le début, la journée sera bonne. Elle s'ouvre par cet édifiant pèlerinage où je vois confondus les dignes représentants de ces familles généreuses dont les chefs appelèrent autrefois dans notre cité les Frères des Écoles chrétiennes, les premiers disciples de ces bons maîtres et ces enfants, ces adolescents, ces jeunes hommes, ces hommes enfin que, depuis vingt-trois ans, j'ai connus sous leur toit où ils sont devenus les fils de ma parole, de mon cœur et de mon sacerdoce. On m'a fait l'honneur de me demander pour vous quelques mots d'édification. Je l'accepte bien volontiers, et la première parole qui s'échappe de mon cœur et de mes lèvres, devant cet émouvant spectacle, c'est celle même qui fut si familière à notre Bienheureux : DIEU soit béni !

Oui, mes enfants et mes frères, DIEU soit béni d'avoir donné au monde le vénéré Fondateur de l'Institut des Frères des Écoles chrétiennes, au moment même où les inventions et les découvertes du XVIe siècle allaient amener une diffusion, inconnue jusque-là, de la lecture et de l'écriture; à l'heure, où les enfants des classes laborieuses réclamaient des maîtres habiles et désintéressés, capables de les former à la science et à la vertu.

DIEU soit béni de lui avoir inspiré la pensée d'une institution permanente pour l'exercice de cette œuvre spirituelle de miséricorde, et le courage de travailler à son établissement. Car, si bonne que fût l'œuvre, et précisément parce qu'elle était bonne, Jean-Baptiste de la Salle n'ignorait pas qu'elle ameuterait contre elle bien des intérêts qui se croiraient lésés, qu'elle exciterait bien des défiances, qu'elle serait en butte à bien des contradictions. Pour en triompher, il fallait enchaîner ceux qui s'y dévoueraient par les liens de l'obéissance et de la stabilité, et par là même donner pour fondement à son Institut la pauvreté et la mortification. Plusieurs avant lui, entre autres César de Bus et Déruia, avaient essayé cette création; mais, hélas! sans succès. Ils avaient vu sans doute quelques hommes de bonne volonté répondre à leur appel, mais la pensée d'un avenir sans sécurité les avait effrayés et, après avoir mis la main à la charrue, ils avait retourné en arrière et abandonné les promoteurs de cette œuvre sainte. Jean-Baptiste de la Salle, pour être mieux écouté et mieux suivi, prêche à ses disciples de parole et d'exemple. Il porte un nom que ses ancêtres ont illustré dans les camps et dans les parlements. Il a de sa race les ardeurs généreuses et l'esprit législateur. L'Église se l'attache de bonne heure par ses dignités. A la science, aux talents, aux vertus du jeune chanoine, elle réserve ses honneurs et ses charges les plus considérables. Or, voici qu'il renonce tout à coup au brillant avenir qui s'ouvre devant lui, résigne son canonicat, vend ses biens, en donne le prix aux pauvres, et se fait pauvre avec ses fils pour se dévouer aux petits enfants. Cet exemple les entraîne. Pourraient-ils ne pas se confier en DIEU quand un homme tel que leur Père leur donne, dans les hautes conditions de la vie, un si parfait modèle d'abandon à la Providence? Dès lors l'œuvre est fondée. Ce n'est encore que le grain de sénevé jeté en terre : mais bientôt il sortira du sol et prendra d'admirables développements. Avant tout, qu'il y pourrisse et qu'il y meure : c'est la loi de la fécondité. Que le Bienheureux de la Salle souffre et succombe, abreuvé d'humiliations, et bientôt les lettres patentes de Louis XV et le bref d'approbation du pape Benoît XIII feront lever, pour son Institut, une ère d'accroissement et de prospérité que la Révolution ne troublera qu'un moment. Aujourd'hui, le grain de sénevé est un grand arbre. Ses rameaux puissants s'étendent sur les deux mondes ; tous les petits oiseaux du ciel, les enfants de toutes les nations, viennent se reposer à leur ombre, pour y chanter les louanges de DIEU en bénissant à jamais le Bienheureux de la Salle et ses dévoués fils.

DIEU soit béni d'avoir ménagé pour notre époque la béatification de son serviteur. Si les Saints n'apparaissent pas fortuitement sur la scène du monde, ce n'est pas non plus le hasard qui détermine l'époque de leur glorification. Dans le ciel des élus, comme dans le firmament visible, c'est sur un signal du Très-Haut que les étoiles, longtemps cachées et comme endormies dans un coin reculé de l'espace, accourent en disant: Nous voici, et commencent de briller pour obéir à Celui qui les a faites. Des rapports secrets et permanents ont été établis entre l'Église triomphante et l'Église militante, et quand DIEU nous réserve de nouveaux combats sur la terre, le plus souvent il nous montre de nouveaux alliés et de puissants protecteurs dans les cieux. A l'heure présente, les luttes ne font pas défaut, mais l'école est le terrain sur lequel la guerre se trouve engagée plus vive et plus ardente. Or, voici précisément que DIEU donne un Patron à l'enseignement primaire chrétien, qui en a tant besoin ; voici qu'il propose, aux fils du Vénérable, un parfait modèle de dévouement à l'enfance et à l'enfance pauvre, dans la personne de leur Bienheureux Père ; voici qu'il présente, aux fidèles, le type de la générosité qu'ils doivent pratiquer en créant et en fondant des écoles catholiques pour le salut des générations nouvelles ; voici qu'il rappelle aux élèves des Frères des Écoles chrétiennes, par la glorification du Père de ceux dont ils sont les disciples, en quelle estime ils doivent tenir l'éducation chrétienne, l'Église qui veille à la leur procurer, les maîtres qui la leur donnent, le soin et le zèle qu'il leur faut apporter à en profiter et à y conformer leur vie et leur conduite.

Oh ! oui, mon DIEU, soyez béni et mille fois béni ! Votre providence conduit les événements et les hommes avec une sagesse et une puissance qui nous émeuvent et qui nous ravissent. Elle nous donne, en temps opportun, les lumières et les encouragements dont nous avons besoin dans les moments les plus critiques de la vie. A nous d'en profiter. Vous l'avez vu et vous le voyez, mes enfants et mes frères : à la parole de Léon XIII, la catholicité tout entière s'est émue, elle a acclamé l'apôtre de l'enfance, et, appelant à son aide les arts, la poésie, l'éloquence, elle se hâte de composer, en l'honneur de ce modeste héros, un poème magnifique dont il vous appartient d'écrire les meilleures pages, d'être les strophes vivantes par la dignité et la sainteté de votre vie, par l'imitation de ses exemples : car, si les pères sont la gloire de leurs enfants, les enfants sont aussi la gloire de leurs pères. *Corona senum filii filiorum, et gloria filiorum patres eorum.*

Frères des Écoles chrétiennes, fils du Bienheureux Jean-Baptiste de la Salle, soyez la gloire de votre Père par vos vertus et vos œuvres. Ah ! qu'elle est belle et qu'elle est grande votre vocation et votre mission ! Vous êtes appelés à réparer les maux dont la fausse science a inondé la terre ; à recomposer l'esprit de la famille, qui est le support et la base de la société. Vous êtes un sacerdoce pour l'Église et une milice pour les États. Sans doute votre vie est rude comme celle du soldat. Nonobstant de nobles et généreux sacrifices, le toit qui vous abrite ressemble assez souvent aux pauvres maisons qui recueillirent votre père et ses premiers fils; la pauvre couche sur laquelle vous passez vos nuits n'est guère plus molle que la planche qui lui servit si souvent pour reposer ses membres fatigués, et vos aliments sont presque aussi grossiers que les siens. Comme lui, il vous faut passer de longues heures sur un siège d'école, vous ensevelir tout vivants dans la poussière d'une classe,et répandre votre sang et votre vie goutte-à goutte, pour donner à l'enfant du pauvre la science de DIEU qui fait les hommes et les saints, et la science du travail qui leur donnera du pain. Courage, cependant. Regardez et voyez ! Le siège et le grabat de Jean-Baptiste de la Salle sont aujourd'hui un trône et un autel ; sa demeure est un vaste temple; et parce qu'il a enseigné et pratiqué l'Évangile, voici qu'il brille, comme une étoile, dans les perpétuelles éternités. Votre fondateur a connu les persécutions, comme les connaissent tous ceux qui veulent vivre pieusement en JÉSUS-CHRIST. L'orage gronde sur vos têtes. Petit troupeau, ne craignez point, parce qu'il a plu à votre Père céleste de vous donner un royaume.Le chêne grandit et se fortifie dans la tempête. L'ouragan ne lui enlève que ses branches mortes et ses feuilles jaunies. Dans la tourmente, il jette dans le sol des racines plus profondes, et il s'élève plus droit, plus beau, plus fort, plus majestueux vers le ciel. Vous ne sauriez vous plaindre si DIEU veut ajouter une auréole à votre front, et si, avant de vous récompenser dans le ciel, il lui plaît de vous faire goûter ici-bas le fruit de vos travaux, en permettant que vos malheurs deviennent, pour vos élèves et pour leurs parents, une occasion de manifestations bien consolantes pour vous de leur reconnaissance et de leur admiration. Votre Père, dans ses épreuves, n'a pas goûté de bonheur, dont pouvait se passer d'ailleurs sa plus forte vertu.

Et vous, mes enfants et mes amis, soyez aussi la gloire de votre bienheureux Père dans votre vie privée et dans votre vie publique. Dans votre vie privée : par une foi vive, pratique et généreuse; dans votre vie publique : par la fidélité à vos devoirs de citoyens, comme vous les enseigne l'Évangile. Point de défaillances, qui fourniraient peut-être à nos adversaires des prétextes pour blasphémer le nom de DIEU, pour décrier vos maîtres et nos écoles. Soyez des chrétiens complets, des chrétiens sans peur et surtout sans reproche. N'oubliez pas que vous êtes l'espoir de l'Église et de la patrie. La pureté de vos mœurs, votre cœur ouvert à l'amour de toutes les nobles et saintes causes et dévoué à leur service, dessilleront peut-être les yeux qui ne sont pas volontairement fermés à la lumière. En tout cas, la gloire de vos vertus et de vos œuvres rejaillira sur le Bienheureux Père de ceux qui ont été ou qui sont vos maîtres et vos modèles. Et vous, Messieurs,fondateurs et protecteurs des Écoles chrétiennes, honorez Jean-Baptiste de la Salle en continuant vos dons généreux pour l'Œuvre qui lui est si chère. Nous traversons,je le sais, une époque difficile. Des crises et des œuvres multiples diminuent vos ressources, mais,dans les temps de calamités, il faut savoir multiplier les sacrifices, et, au besoin, rendre plus simple une vie dont vous avez toujours banni d'ailleurs le luxe et la folle somptuosité. Or sus, Messieurs, vous dirai-je avec saint Vincent de Paul, le sort des enfants pauvres de la cité est entre vos mains ; si vous les adoptez,ils seront sauvés ; mais ils périront infailliblement si vous les abandonnez. Je vous connais assez, chers Messieurs, pour savoir que votre choix n'est pas douteux et que vous vous dites avec notre Bienheureux : Le salut des enfants par le sacrifice !

Quant à vous, pères et mères qui m'écoutez, la béatification du Vénérable Jean-Baptiste de la Salle doit vous stimuler à élever bien chrétiennement vos enfants. C'est une obligation que vous avez contractée en demandant pour eux le saint baptême. Y faillir, ce serait vous préparer pour l'avenir bien des larmes, bien des chagrins, bien des hontes peut-être sur la terre et un terrible compte à rendre à DIEU quand vous paraîtrez devant lui. De concert avec nous, vos meilleurs amis, travaillez donc à la bonne éducation de vos enfants, et, après avoir été ici-bas votre honneur, votre consolation et votre joie, ils seront un jour dans les cieux votre couronne, votre gloire et votre récompense.

Ainsi soit-il.

PANÉGYRIQUE du BIENHEUREUX J.-B. de la SALLE, prononcé par M. le Chanoine DEROUBAIX, curé-doyen de Notre-Dame à Douai, le Dimanche 8 Juillet 1888, en l'église Saint-Maurice, à Lille, pour la clôture du Triduum.

PERSÉCUTIONS. — GLORIFICATIONS.

Qui seminant in lacrymis in exultatione metent. (Ps. 125, V. 6.)

Ceux qui sèment dans les larmes moissonneront dans l'allégresse.

MONSEIGNEUR,

QUELLES sont ces larmes, quelles sont ces allégresses dont parle le Roi-Prophète? Ces larmes sont celles que les vrais chrétiens répandent dans la voie étroite, escarpée qui mène seule au Ciel, sur les pieds du divin Crucifié : larmes de l'innocence qui pleure sur les iniquités du monde ; larmes du repentir qui veut expier le passé ; larmes du fidèle obscur qui lutte contre sa nature inclinée au mal et contre l'enfer ; larmes de tous ceux qui souffrent sur cette terre d'exil ; larmes du martyr qui verse son sang pour JÉSUS-CHRIST ; larmes de l'apôtre qui dépense sa vie dans les rudes labeurs, dans les sacrifices renouvelés chaque jour, pour DIEU et pour les âmes, pour la patrie et pour l'Église.

Déjà, mes frères, vous avez aperçu ces larmes fécondes et sanctifiantes dans les yeux de notre Bienheureux.

Des mains plus habiles que la mienne ont dessiné devant vous la belle physionomie du saint fondateur d'un grand Institut enseignant, et déjà vous avez pu admirer l'homme de DIEU et l'homme du peuple dont la mémoire est une bénédiction. Sur son noble front, quelle magnifique couronne de vertus sacerdotales et religieuses ! Mais les fleurs célestes de la piété, de la confiance en DIEU, de l'humilité, de la pauvreté, de l'obéissance, de la chasteté, ne cachent pas les épines qui l'ont déchiré et l'ont marqué du sceau divin des prédestinés.

Oui, il fallait à la vie de notre Bienheureux ce je ne sais quoi d'achevé que le malheur ajoute à la vertu, comme parle Bossuet. N'est-ce pas la condition de la sainteté de rencontrer la contradiction et même la persécution, selon cette maxime de l'Apôtre : *Et omnes qui volunt pie vivere in Christo persecutionem patientur;*

tous ceux qui veulent vivre dans la piété en JÉSUS-CHRIST souffriront persécution ?

Mais DIEU sait toujours proportionner les consolations aux douleurs, les récompenses aux sacrifices. La joie succède aux larmes, la gloire aux humiliations, le triomphe définitif aux luttes qui demandent quelquefois du sang.

Voilà bien, ce me semble, ce que m'ont laissé à dire les orateurs éminents que vous avez écoutés depuis deux jours avec une sympathique émotion ; voilà ce que j'essaierai d'exposer à votre pieuse attention, d'une manière bien imparfaite, en l'honneur du grand serviteur de DIEU et des pauvres, qui,du séjour de la félicité, sourit en ce moment à cette immense assemblée, à ces bons Frères des Écoles chrétiennes dont il est plus que jamais le Père bien-aimé, à ce sénat de prêtres et de religieux réunis autour du pasteur vénéré et bien-aimé du diocèse, à cette légion de pères de famille et d'enfants qui lui devront leur salut, à vous tous, vaillants défenseurs et bienfaiteurs généreux de nos Ecoles chrétiennes, qui pouvez compter sur la protection spéciale du Bienheureux Jean-Baptiste de la Salle, glorifié par l'immortel Léon XIII, le vrai roi des intelligences et des cœurs.

Il vous appartenait, Monseigneur, de rehausser par votre auguste présence l'éclat de cette dernière journée. La Providence,qui vous réservait au diocèse de Fénelon,vous a fait naître et grandir non loin du tombeau du Bienheureux de la Salle, dont vous renouvelez parmi nous les tendresses et les sollicitudes à l'égard des petits enfants du peuple.

Que votre bénédiction,Monseigneur, féconde ma faible parole et dispose les cœurs à goûter les leçons que nous donne à tous le martyr de l'Ecole chrétienne. —

I.

MES frères, depuis la déchéance originelle, la justice, la sainteté,ne peut refleurir dans la nature humaine que par le sacrifice. C'est le sang du Calvaire qui a purifié l'univers, comme le chante l'Église dans sa belle liturgie. *Terra,pontus,astra, mundus, quo lavantur flumine!* Et la terre et la mer et les astres et le monde entier ont la vie par le fleuve qui jaillit de la croix ; mais l'application de ce sang divin qui est faite aux âmes par la prière, par la parole de DIEU et par les sacrements, n'a toute son efficacité que par la mise en pratique de la loi fondamentale imposée par JÉSUS-CHRIST à tous ses disciples : *Si quis vult venire post me, abneget semetipsum et tollat crucem suam et sequatur me ;* quiconque veut être mon disciple doit se renoncer, porter sa croix et me suivre.

Le sacrifice ne va pas pour tous jusqu'à l'effusion du sang ; mais pour tous il faut l'immolation des penchants désordonnés de la nature déchue. C'est le commentaire de cette doctrine que nous donne le grand Apôtre dans ces belles paroles : *Si secundum carnem vixeritis, moriemini, si autem spiritu facta carnis mortificaveritis, vivetis ;* si vous vivez selon la chair, vous mourrez, mais si vous mortifiez par l'esprit les œuvres de la chair, vous vivrez ; et ses exemples viennent à l'appui de son enseignement, car il dit : *Castigo corpus meum et in servitutem redigo, ne forte, cum aliis prædicaverim, ipse reprobus efficiar ;* je châtie mon corps et je le réduis en servitude, de peur qu'après avoir prêché l'Évangile aux autres, je ne sois moi-même réprouvé; et encore : *Adimpleo quæ desunt passionum Christi;* je complète en moi la Passion de JÉSUS-CHRIST.

C'est à cette école que s'est formé notre Bienheureux. Prêtre, religieux, fondateur d'un Institut voué à l'éducation chrétienne des enfants les plus abandonnés, déjà vous l'avez admiré dans sa vie pénitente, et je n'ai nulle envie de retoucher le tableau de ses austérités, de ses macérations qui effrayent notre mollesse et notre dévotion à l'eau de rose.

Pour son âme affamée de mortifications, ce n'était pas assez des souffrances communes qui pèsent sur tous les enfants d'Adam, dans les palais dorés comme dans les chaumières, sous les vêtements de soie comme sous les haillons : travail, maladies, infirmités, peines de cœur, deuils de famille, que sais-je ?

DIEU, dans sa sagesse, que nous ne comprenons pas avec les seules lumières de la raison, DIEU réserve des épreuves plus nombreuses et plus rudes à ceux qu'il veut élever à remplir toute perfection et employer à de plus grands desseins. Les sacrifices que l'on s'impose volontairement dans le sacerdoce ou dans la vie religieuse, ont leur mérite devant DIEU ; mais ils ont aussi, par le libre choix qu'on en fait, une saveur particulière pour la nature, et sont parfois un écueil pour l'humilité.

DIEU veut l'immolation complète. Il n'a pas besoin, pour achever son ouvrage, de la main des Néron et des Julien l'Apostat ; il permet au père du mensonge de mettre en jeu contre ses meilleurs serviteurs les petites passions : l'intérêt, la jalousie, l'égoïsme, qui gardent toujours un refuge, même dans les cœurs chrétiens, et se cachent parfois sous les apparences de la piété et du zèle : bourreaux plus cruels que ceux qui sont armés du glaive.

Notre Bienheureux les a vus se multiplier sur ses pas depuis le jour où il entra dans la voie des parfaits, qui fut pour lui, pendant plus de quarante ans, le chemin du Calvaire.

S'il fit généreusement l'abandon des avantages de la naissance et de la fortune comme des dignités ecclésiastiques, ce ne fut pas sans provoquer les mécontentements de sa parenté, qui s'accommodait de voir le jeune prêtre dans les honneurs de l'Église, mais qui s'irritait de le voir descendre de son rang jusqu'à la pauvreté volontaire, et ce ne fut pas non plus sans s'exposer aux critiques d'un monde qui admire les belles maximes de l'Évangile, mais qui en prend à son aise dans la pratique.

« En lutte à la contradiction, à l'exemple de son divin Maître, » dit son historien, de qui n'essuya-t-il par les mépris, les repro- » ches, les railleries en cette occasion ?

» Aux yeux des gens du siècle, le jeune chanoine avait la tête » démontée. Il s'était épuisé le cerveau par une manière de vie » trop retirée, trop mortifiée, trop abstraite. Son esprit affaibli » voulait monter trop haut, prendre son vol au-dessus de la » région des parfaits et se ranger parmi les Patriarches d'Ordres. » — Au jugement des sages, notre chanoine suivait son esprit » propre, qui le portait toujours aux extrémités. — Selon les » plaisants, qui aiment à rire aux dépens des dévots, notre Bien- » heureux, d'un sang vif et bouillant, était las de demeurer tran- » quille dans un état heureux et de n'exercer son zèle qu'à » chanter les louanges du Seigneur. — C'est un coup de tête, » disaient les indifférents, il se laisse éblouir par l'éclat d'un » plan de vie extraordinaire. Le désir de la plus grande perfec- » tion lui fait illusion. »

Ainsi parlait le monde.

Ajouterons-nous à ce concert de moqueries les doléances, les remontrances, les reproches qui lui arrivaient même de ses confrères du Chapitre ? Ceux-ci lui annonçaient les chagrins, les peines, les misères qu'il allait recueillir dans l'état misérable et pauvre pour lequel il témoignait tant d'attrait. Il était à plaindre et ils en avaient pitié.

« Enfin les gens de bien et les personnes dévotes se mettaient » aussi de la partie pour discuter, juger et condamner la déter- » mination du jeune prêtre de renoncer à tout et de créer une » nouvelle milice dans l'Église. »

Ce n'étaient là que les préludes des contradictions qui l'attendaient dans la guerre à l'ignorance et au vice qu'il allait entreprendre, en donnant aux enfants pauvres des Instituteurs chrétiens.

Une parole plus éloquente que la mienne vous a expliqué comment l'abbé de la Salle fut l'homme de la Providence, à la fin du XVIIe siècle et à l'aurore du XVIIIe, pour la France et pour l'Église, et ceux qui m'ont précédé dans cette chaire n'ont pu passer complètement sous silence les luttes qu'eut à soutenir notre Bienheureux à Reims, à Paris, à Rouen, à Marseille, pour ne nommer ici que les principaux champs de bataille, et vous serez indulgents si je vous fatigue par quelques récits.

Le courageux Instituteur des Frères n'avait encore qu'un petit nombre de disciples, que déjà il avait à souffrir, comme un père souffre des outrages faits à ses enfants. Chose étrange, la sottise humaine s'incline devant un habit brodé que porte parfois le vice, et elle regarde avec dédain un vêtement simple et grossier sous lequel bat souvent un noble cœur !

Le costume des Frères que notre Bienheureux avait adopté pour sauvegarder l'humilité, la modestie, la pauvreté dans sa famille naissante, ne pouvait échapper aux moqueries et aux insultes de la populace.

Les voyez-vous, ces pauvres Frères, sous leur chapeau à large bord, dans leur lourde chaussure de paysan, les voyez-vous accueillis dans les rues par les huées, par les plaisanteries de mauvais goût, par les injures brutales ? C'est le Père qu'on persécute dans ses enfants, que dis-je ? lui-même est abreuvé d'outrages par un pauvre qui, pendant une famine cruelle, s'est rassasié de son pain.

Sans doute il se souvenait alors que son divin Maître n'avait échappé que par miracle à ceux qui voulaient le lapider en retour de tous ses bienfaits.

Satan essayait de jeter le discrédit sur l'œuvre éminemment démocratique de l'éducation chrétienne. Rien ne déconcerte le vrai zèle qui n'a en vue que la gloire de DIEU et le salut des âmes. L'abbé de la Salle pouvait souffrir comme JÉSUS pleurant sur Jérusalem ingrate et insensible à ses miséricordes ; il ne cessait d'appeler dans ses écoles les enfants les plus déshérités et les plus négligés par leurs parents. Ceux-ci ne viendront-ils pas, à leur tour, créer des embarras à leur bienfaiteur et l'abreuver d'amertume ?

Pouvaient-ils comprendre, avec leurs habitudes de mollesse à l'égard de leurs enfants, habitudes que nous avons encore à déplorer, pouvaient-ils comprendre ces maximes de l'Esprit Saint, « La sottise est attachée au cou de l'enfant et la verge seule peut l'en chasser ; le père qui aime son enfant ne lui épargne point la verge ? »

L'application que l'on faisait dans les nouvelles écoles, selon l'usage du temps, de ces principes d'éducation que le progrès moderne n'avait pas encore supprimés, au profit des Pénitenciers et des prisons, souleva un orage épouvantable contre le vénérable Instituteur des Frères.

Vous entendez les reproches, les menaces, les injures qui tombent comme grêle sur le saint prêtre, et vous devinez les blessures faites à son cœur si dévoué au pauvre peuple.

Bientôt des ennemis d'une autre sorte allaient se lever contre lui.

La gratuité de l'école n'était pas chose inconnue dans l'Église. L'histoire est là pour attester les sollicitudes de cette Mère incomparable qui, à l'exemple de JÉSUS-CHRIST, a toujours donné aux petits enfants le pain de l'âme, le pain de l'intelligence avec le pain du corps ; mais on n'avait pas encore inventé la gratuité hypocrite qui fait payer les pauvres pour les riches,et fait de tous les citoyens des indigents devant l'État-dieu.

L'abbé de la Salle, par la gratuité, voulait rendre l'école accessible aux plus pauvres, et maintenir son Institut dans la pauvreté. Les maîtres d'école tremblèrent pour leurs intérêts matériels.

Faut-il vous montrer le triste spectacle de la coalition des instituteurs, qui auraient dû se féliciter de se voir déchargés du soin d'élever les enfants, à qui le pain manque souvent autant que l'instruction ? Ils craignaient, les mercenaires, comme les appelle l'historien de notre héros, de voir leur échapper quelques élèves de familles placées au-dessus de l'indigence ; et leur cupidité et leur jalousie, à Paris surtout, ne reculèrent ni devant les violences, ni devant les spoliations, ni devant les procès injustes d'où l'homme de DIEU sortit le plus souvent victorieux par la protection de la Très-Sainte Vierge.

Car vous pensez bien qu'avant tout il cherchait au Ciel son appui contre ses persécuteurs. Les veilles prolongées dans la prière, l'obéissance à ses sages directeurs, ses jeûnes, ses macérations, le silence, étaient ses armes habituelles contre ceux qui étaient les ennemis de son œuvre plutôt que de sa personne.

Son œuvre, son œuvre pour laquelle il avait tant sacrifié ! lui tenait plus au cœur que son repos, que l'estime du monde, que sa réputation, que sa vie même ; voilà surtout ce que Satan voulait atteindre et détruire. Les attaques du dehors ne pouvaient assurer la victoire à l'éternel ennemi de tout bien ; il fallait frapper au dedans, enlever au chef ses meilleurs soldats et semer la division dans l'armée.

Alors, quelle douloureuse épreuve ! quel déchirement dans l'âme du bon Père qui voit s'éloigner le fils de sa tendresse et la désunion pénétrer dans sa famille ! DIEU lui-même ressent plus vivement les outrages que lui font ses enfants de prédilection. Vous connaissez les plaintes qu'il exhale par la voix de son prophète : «*Si inimicus meus maledixisset mihi...*, si mon ennemi m'avait maudit, je l'aurais supporté, mais toi que j'appelais mon ami et qui étais assis à ma table ! »

Pourquoi craindrions-nous,mes frères,de rappeler ce que notre Bienheureux eut à souffrir de la part de ses disciples ? L'Évangile ne raconte-t-il pas la trahison de Judas et le reniement de Pierre ? La faiblesse, l'inconstance, l'ambition, en un mot, les passions de la nature déchue, ne restent pas à la porte d'un couvent, et le monde, si indulgent pour le vice honteux, est parfaitement ridicule et injuste lorsqu'il se scandalise des fautes, des défections qui affligent le sanctuaire ou le cloître. Ne devrait-il pas plutôt admirer, à côté de quelques défaillances, l'héroïsme du grand nombre qui triomphe des penchants désordonnés de la nature déchue, tandis que le monde se fait gloire de les satisfaire ? Ne devrait-il pas admirer la patience inaltérable de notre Bienheureux, dont l'âme sacerdotale était abreuvée d'amertume en voyant son Institut mis en péril, tantôt par les excès de zèle et par les maladresses d'un directeur de novices ou des maîtres de classes, tantôt par la désertion de quelques Frères égarés par leur ambition, et plus encore par la dissension que l'homme ennemi tâchait de jeter dans sa communauté de Paris ?

L'homme ennemi ! L'histoire ne l'a point nommé. Est-ce par ménagement pour une famille honorable ? Est-ce pour ne point faire peser sur sa mémoire la responsabilité des tracasseries, des basses intrigues, des calomnies odieuses par lesquelles, pendant plus de dix ans, il se promit de perdre le serviteur de DIEU et de ruiner son audacieuse entreprise ?

N'est-il pas permis de penser que l'homme ennemi était l'agent du Jansénisme qui désolait alors la France chrétienne ? N'eût-il pas été avantageux à la secte de répandre le poison de l'erreur dans l'âme du peuple, au moyen d'un Institut enseignant, alors qu'elle avait déjà séduit des intelligences d'élite et qu'elle était maîtresse de Port-Royal ?

Il en coûtera cher à l'humble fondateur des Écoles chrétiennes d'avoir résisté vaillamment aux avances de l'esprit d'erreur, et d'avoir préféré la fidélité au Pontife romain à toutes les caresses de l'hérésie.

Honneur au champion de la vérité qui ne fléchit pas « sous la tempête de vexations tellement soudaines, dit Léon XIII dans ses lettres apostoliques, tellement furieuses qu'on peut à peine y croire, sous tous les excès imaginables d'outrages et de méchancetés auxquels les Jansénistes s'emportèrent contre lui. »

L'ennemi est partout sur ses pas : à Paris, à Rouen, à Marseille. Il se glisse jusque dans la communauté et dans les noviciats ; il souffle la défiance et la jalousie dans les rangs du peuple ; il travaille à affaiblir les sympathies des gens de bien pour les Écoles chrétiennes, comme font les sectaires de notre temps ; il va plus loin, il fait au cœur de notre martyr la blessure la plus douloureuse, en essayant de le perdre dans l'estime du Cardinal de Noailles, Archevêque de Paris, et de le faire déposer par l'autorité ecclésiastique comme menteur et incapable de gouverner son Institut.

O fils de ce noble persécuté ! si vous avez à souffrir à l'heure présente, si vous êtes expulsés par la Franc-Maçonnerie, des écoles où vous avez formé tant de bons citoyens et tant de bons chrétiens, les populations vous accompagnent en pleurant, en vous couvrant de fleurs et de couronnes, et vos élèves vous suivent dans les écoles libres ouvertes par la charité catholique. Vous n'avez pas encore souffert comme votre illustre Père, et si le courage pouvait vous manquer dans la persécution qui voudrait étouffer la liberté de conscience des pères de famille et de leurs enfants, je vous dirais : Regardez votre admirable Fondateur qui fut toute sa vie sur le chemin du Calvaire !

Il était bien de cette race des vaillants dont JESUS-CHRIST a dit: *Beati estis, cum maledixerint vobis homines et persecuti vos fuerint, et dixerint omne malum adversus vos mentientes, propter me.* Heureux serez-vous quand les hommes vous maudiront, quand ils vous persécuteront et qu'ils vous accableront de leurs calomnies à cause de moi.

C'est la persécution qui met au front l'auréole de l'héroïsme dans le sacrifice.

La sainteté, nous l'admirons dans l'homme de prière, de pénitence et de zèle ; nous l'admirons dans sa confiance filiale en la Providence, dans son obéissance parfaite au Chef suprême de l'Église et aux supérieurs ecclésiastiques, dans sa résignation à la volonté de DIEU qui lui retire par une mort prématurée ses meilleurs sujets, dans son courage à supporter les maladies, les infirmités, la faim, comme pendant la disette de 1709. Qui dira les fatigues de ses voyages à pied de Reims à Paris et de Paris à Reims ; de ces courses à travers la France qui épuisent ses forces et mettent plus d'une fois sa vie en péril ? Qui racontera les immenses travaux et les sollicitudes incessantes que lui imposaient la création et le gouvernement de tant d'établissements, depuis Reims, Paris, Rouen, jusqu'à Grenoble, Avignon, Marseille, jusqu'à Rome même où toutes les œuvres vont puiser la sève divine qui assure leur fécondité ?

N'est-il par permis, mes frères, de lui appliquer les paroles par lesquelles l'Apôtre justifiait sa mission divine en face des pasteurs mercenaires : *In laboribus plurimis, in itineribus sæpe, periculis, in falsis fratribus, in labore et ærumnâ in vigiliis multis, in fame et siti, in jejuniis multis, in frigore et nuditate.* Il a souffert dans les travaux multipliés, dans les voyages fréquents, il a souffert de la part des faux frères et des hérétiques, des labeurs et de la misère, des nombreuses veilles, de la faim et de la soif, des jeûnes renouvelés, du froid et de la nudité ; et l'on peut ajouter : *Præ-*

ter illa quæ extrinsecus sunt, instantia mea quotidiana, sollicitudo omnium ecclesiarum. Outre ces maux extérieurs, il a porté chaque jour le fardeau accablant des sollicitudes que multipliait le soin de tant de noviciats, d'écoles, de communautés à gouverner.

O grand Apôtre qui avez porté l'Évangile à vingt peuples divers, en mêlant votre sang et vos larmes aux larmes et au sang de JÉSUS-CHRIST, ne reconnaissez-vous pas un de vos dignes disciples dans l'humble prêtre qui s'est fait le Père d'une famille d'apôtres au profit des petits, des pauvres, des ignorants, des enfants du peuple, à une époque où le père de la Révolution se préparait à écrire cette parole atroce qui devrait être gravée sur le socle de ses statues : « Le peuple ne vaut pas la peine qu'on l'instruise : pour le conduire il ne faut que du foin et un aiguillon. » Mes frères, de quel côté est le véritable ami du peuple ? de quel côté est le vrai père des enfants de l'ouvrier ? j'allais dire: de quel côté est le martyr, c'est-à-dire le témoin de la vérité, de la justice et de la charité ?

Je sais bien que notre héros n'a pas versé son sang sous la hache du bourreau, mais sa vie n'a-t-elle pas été un long martyre ? Car, comme l'a dit un grand évêque : « S'il faut un effort de courage pour sacrifier sa vie, il faut quelque chose de plus pour supporter toute une vie de sacrifices. » DIEU va frapper le dernier coup sur la victime. Par suite de faux rapports, l'abbé de la Salle se vit traité comme un prêtre indigne et privé de tout pouvoir par l'autorité ecclésiastique abusée, tandis que son corps, brisé par les travaux et les austérités, était miné par un mal incurable. L'heure de l'immolation suprême était proche, et le vaillant soldat du CHRIST la vit venir avec confiance.

Que ne puis-je vous le montrer sur son lit d'agonie, nous apprenant à tous à bien mourir après nous avoir appris à bien vivre ! Que ne puis-je vous lire son testament, où il recommande avant tout à son Institut : une entière soumission à l'Église et à notre Saint-Père le Pape ; l'amour de Notre-Seigneur JÉSUS-CHRIST avec la dévotion à la Sainte Vierge et à saint Joseph.

Hâtons-nous, mes frères, hâtons de recueillir les dernières paroles qui s'échappent de ses lèvres mourantes dans une rude agonie de 40 heures : *J'adore en toute chose la conduite de Dieu à mon égard.* Ce fut son dernier chant d'amour sur cette terre. Il expira le 7 avril 1719, à 4 heures après-midi, le jour même du Vendredi Saint, comme si JÉSUS-CHRIST avait voulu associer jusqu'au bout son fidèle serviteur à sa Passion, pour l'associer ensuite à sa gloire : *Qui seminant in lacrymis in exultatione metent.* C'est ce qu'il nous reste à dire plus brièvement.

II.

MES frères, c'est à la mort que commence la gloire du serviteur de DIEU. Tandis que les grandeurs de la terre s'évanouissent comme la fumée, quelle que soit la pompe des funérailles des héros du monde, quelle que soit la somptuosité de leurs tombeaux, ni les couronnes, ni les discours qu'on leur prodigue ne peuvent leur assurer la vénération et la reconnaissance des siècles.

Il n'en est pas ainsi de ceux qui ont consumé leur vie au service de DIEU et des âmes. A peine ont-ils quitté cette vallée de larmes, que l'on entend comme un chant de triomphe : Le Saint est mort ! le Saint est mort !

Voyez-vous la foule pieuse qui se précipite pour se partager les dépouilles du Bienheureux ! Un crucifix, un Nouveau Testament, une Imitation de JÉSUS-CHRIST, un chapelet, tous les trésors de sa pauvreté, ses vêtements grossiers, ses cheveux, les menus objets qui ont été à son usage, tout est mis au pillage, et ses disciples déshérités n'ont pour se consoler que quelques copies de son testament écrit peu de temps avant sa mort.

Nous n'avons pas le temps de raconter ses funérailles, qui furent en harmonie avec son humilité, ni la douleur des Frères, ni le regret des gens de bien et du clergé, et des religieux et de l'Épiscopat.

C'était la voix du peuple qui devançait la voix de l'Église.

En attendant l'arrêt suprême de Léon XIII, qui fait tressaillir en ce moment l'ancien et le nouveau monde, DIEU laissera tomber, sur la mémoire et sur l'œuvre de son serviteur, un rayon de cette gloire que le monde ne donnera jamais à ses idoles, et préparera l'auréole impérissable qui brille maintenant au front du Bienheureux.

Mes frères, les chefs d'écoles, en philosophie, en science, en littérature, exercent parfois une grande influence plus ou moins salutaire sur leurs contemporains et se promettent l'immortalité; les grands maîtres de l'Université s'imaginent avoir assuré le *salut* de la France quand ils ont défait et refait vingt fois, en un quart de siècle, les programmes de l'Instruction publique ; les politiques, eux aussi, se promettent de refaire l'esprit et le tempérament d'un peuple par des réformes et des lois arbitraires, et lorsqu'ils ont fabriqué une Constitution sans DIEU, ils regardent l'avenir avec confiance.

Le temps en a bientôt fait de ces ambitieuses et coupables espérances qui s'écroulent comme un château de cartes. Bien différentes sont les œuvres des Saints. Regardez le parchemin qui se déroule dans les mains de l'abbé de la Salle; lisez : Règles et Constitutions de l'Institut des Frères des Écoles chrétiennes.

Ces Constitutions n'ont pas été écrites au milieu de l'agitation fébrile des assemblées délibérantes, qui ressemblent trop souvent, de nos jours, à des réunions d'*écoliers en désordre.* Elles sont le fruit de sérieuses méditations, de l'expérience, des inspirations de la charité dans un cœur de prêtre. Aussi quelle action profonde et durable n'ont-elles pas exercée sur les âmes, depuis que le pape Benoît XIII, Vicaire de JÉSUS-CHRIST, six ans après la mort de Jean-Baptiste de la Salle, a mis, par son approbation suprême, comme le sceau lumineux de la main de DIEU sur ces admirables Constitutions, et placé l'Institut des Frères parmi les Ordres religieux !

O père des pauvres, ô apôtre infatigable des ignorants et de l'ouvrier, n'avez-vous pas tressailli dans votre tombeau, sous le rayon de gloire que la parole du Chef infaillible de l'Église faisait jaillir sur votre front ?

Quelles allégresses, quelles espérances d'avenir, quelles ardeurs généreuses n'excitait pas en vos fils l'approbation de leur Institut !

Levez-vous, enfants du peuple, fils de l'artisan, du marin, du laboureur ; les yeux fixés sur votre illustre Père, l'âme embaumée du parfum de ses vertus, le cœur embrasé de la même charité, allez, allez en avant, forts des Constitutions qu'il vous a données, et formez une immense et radieuse couronne autour de son tombeau, en multipliant vos écoles, vos communautés, dans toutes les provinces de la France, depuis la Bretagne et la Normandie jusqu'au Dauphiné et la Provence, depuis la Flandre et l'Artois jusqu'à la Guyenne et la Gascogne.

Ce n'est plus seulement l'ignorance religieuse qu'il s'agit de combattre. L'hérésie subtile et austère, l'impiété railleuse et libertine, le Jansénisme et le Voltairianisme, travaillent, chacun à sa manière, à la ruine de l'Église et de la société civile. Vous ne serez pas seuls sur le champ de bataille du XVIIIe siècle. Il est juste de saluer, à l'avant-garde de l'armée de DIEU, les nobles fils de St Benoît, de St Bernard, de St Dominique et de St François d'Assise, avec les fils non moins vaillants de St Ignace et de St Vincent de Paul, de St Alphonse de Liguori ; mais vous aussi, humbles instituteurs du peuple, vous avez fait honneur à votre Père, vous avez fait resplendir son nom glorieux par votre inépuisable dévouement à l'instruction chrétienne des enfants pauvres !

Que de travaux, que de fatigues, que de sacrifices ! que de vies dépensées, épuisées au profit de DIEU et des âmes ! Et la gloire de tant de bien accompli ne remonte-t-elle pas à Celui qui, pendant plus de quarante ans, a semé dans les larmes ?

Vienne maintenant le triomphe du Rationalisme, qui, sous le nom de Réforme ou de Révolution, a couvert la France de ruines et de sang : les fils seront dignes de leur Père. Ils refuseront le serment civique qui impliquait l'hérésie et le schisme, au risque d'être traînés à l'échafaud, ou du moins d'être jetés dans les prisons infectes ou sur la terre d'exil, au nom de la Liberté, de l'Égalité et de la Fraternité républicaines.

La Révolution n'a point tué l'œuvre de l'abbé de la Salle, pas plus qu'elle n'a réussi à étouffer l'Église de France dans le sang de ses prêtres et de ses moines. On pourrait dire qu'elle lui a donné une nouvelle fécondité avec un nouveau lustre.

Quelle merveille ! Dans la vieille Europe où la Franc-Maçonnerie domine, où le gouvernement proscrit de l'école DIEU, JÉSUS-CHRIST et son Église, et dans les républiques plus libérales du Nouveau-Monde, et dans l'Extrême-Orient, et sous le ciel de feu de l'Afrique, comme dans les îles de l'Océanie, vous retrouvez partout cette famille de héros obscurs qui savent mourir, comme leur Père, pour l'Église et pour la Patrie, dans la poussière des classes aussi bien que sur les champs de bataille et dans les ambulances !

Que de lauriers accumulés par les fils sur la tombe de leur Père !

Cependant, mes frères, l'Église ne fait pas comme les gouvernements humains, qui couronnent l'héroïsme d'une armée sur le front d'un chef plus ou moins habile. La sainteté est personnelle, et l'Église ne lui décerne les honneurs du culte public que lorsque DIEU a placé, sur le front d'un de ses serviteurs, le signe divin des miracles opérés par son intercession.

Il tardait bien, ce semble, à se manifester en faveur de l'insigne bienfaiteur des pauvres. Depuis plus d'un siècle et demi, la reconnaissance des chrétiens avait attribué à son intervention auprès de DIEU des faveurs et des grâces sans nombre ; mais il fallait des prodiges plus éclatants et plus incontestables pour amener la glorification définitive du serviteur de DIEU.

La Providence les a produits à l'heure marquée par sa sagesse.

Dès 1842, le Pape Grégoire XVI, de sainte mémoire, avait décerné au chanoine de Reims le titre de Vénérable ; Pie IX, le grand persécuté de la Révolution, a déclaré solennellement en 1873 que les vertus du Vénérable se sont élevées jusqu'à l'héroïsme et que la preuve en est irréfutable : quinze ans plus tard, il était réservé au Pontife Jubilaire, à Léon XIII, de se prononcer sur la certitude indiscutable de trois guérisons miraculeuses de maladies incurables, obtenues par l'intercession du serviteur de DIEU.

C'est dans la dernière fête de tous les Saints, en présence des RR. Cardinaux de la Congrégation des Rites, dans la salle du trône au Vatican, que le Pape a décrété qu'il conste de trois miracles opérés par DIEU, à l'intercession du V. J.-B. de la Salle,à savoir : « le 1er, guérison instantanée et parfaite du Frère Adelminien d'une ataxie locomotrice progressive; le 2e, guérison instantanée et parfaite d'un enfant de dix ans, Étienne de Suzanne, d'une bronchite vésiculaire mortelle ; le 3me, guérison instantanée et parfaite de Marie-Madeleine Ferry, d'une hydro-péricardite chronique incurable, compliquée d'autres maladies très graves. »

Le procès était terminé. Mais ce ne fut que le 14 janvier de cette année, en la fête de St Hilaire, que Léon XIII, au milieu des solennités splendides de ses noces d'or, publia le Bref de Béatification, dans lequel nous remarquons surtout l'éloge de la patience héroïque du grand libérateur des ignorants : « Bafoué, » poursuivi par l'injustice, voué à la honte par la calomnie, » traîné devant les trihunaux, condamné à l'amende, devenu » le jouet de l'insolence et de la grossièreté des maîtres d'école, » il endura tout, il dévora tout, avec un courage aussi calme » qu'invincible. »

Le voilà, mes frères, le voilà tel que nous le montre l'histoire, crucifié avec JÉSUS-CHRIST par ses mortifications volontaires, et surtout par les persécutions qu'il a supportées pour DIEU et pour les âmes des enfants. Mais le voilà enfin glorifié sur la terre, non point sous la coupole de l'Institut de France par des lettrés, qui, en décernant des prix de vertu, ne sont pas moins préoccupés de se faire applaudir que de faire admirer leurs lauréats : le voilà glorifié dans cette Rome qui est la basilique du monde chrétien, glorifié par la plus haute autorité de la terre, par le Juge le plus compétent et le plus éclairé; le voilà glorifié dans l'univers entier et pour tous les siècles.

A la décision souveraine de Léon XIII ont répondu les acclamations de joie et de reconnaissance de l'humanité chrétienne D'une extrémité à l'autre de l'univers, en dépit des ricanements des libertins, en dépit des lois de proscription votées ou préparées par la Franc-Maçonnerie au nom de la liberté, le nom du Bienheureux J.-B. de la Salle est répété avec vénération, invoqué avec confiance, chanté avec amour, et par sa famille bien-aimée, qui ne compte pas moins de 14.000 Frères, et par 400.000 jeunes gens abrités par les écoles, pensionnats, patronages dont les sectaires rêvent la destruction ; et enfin par tous leurs parents, qui regardent l'éducation chrétienne comme l'héri_ tage le plus précieux à laisser à leurs enfants ; et par tous les vrais Français, qui peuvent considérer le Bienheureux de la Salle comme une gloire nationale, par toutes les Congrégations religieuses, qui sont solidaires de leurs tristesses et de leurs joies.

Et nous, prêtres, ne sommes-nous pas heureux et fiers de célébrer les vertus et le triomphe de celui qui a si bien honoré le sacerdoce, et qui nous a préparé dans ses fils, au prix de tant de sacrifices, des auxiliaires si désintéressés ?

Et les évêques, depuis six mois, n'ont-ils pas fait entendre une voix plus autorisée, et à Rome, et à Paris, et à Bordeaux, et à Lyon, et à Rouen, et à Reims, et à Cambrai, pour suivre la belle parole de Léon XIII « que le Bienheureux J.-B. de la Salle a » bien mérité de l'Église et de la société civile ? »

O DIEU, qui regardez avec amour tout ce qui est petit et faible ici-bas, ô DIEU, qui vous déclarez le protecteur de la veuve et de l'orphelin, soyez mille fois béni d'avoir donné à votre Église, après tant d'autres bienfaiteurs du peuple, votre fidèle serviteur le B. J.-B. de la Salle, pour continuer ce que JÉSUS-CHRIST votre divin Fils a fait en faveur des petits et des pauvres, en faveur des ignorants, des enfants et des pécheurs ; soyez béni, mon DIEU, d'avoir conservé et multiplié, depuis deux siècles, ses disciples admirables, qui, par les Écoles chrétiennes, ne cessent de former de bons citoyens pour la patrie et pour le Ciel !

Soyez béni d'avoir réservé à ces jours de persécution religieuse, à ces jours mauvais pour l'Église et pour ses enfants, ses plus chères espérances, la glorification d'un saint prêtre qui a tant aimé l'Église et les enfants du peuple !

Vous le mettez sous les yeux de tous comme un puissant protecteur de nos Écoles chrétiennes et de nos œuvres de Jeunesse ; vous nous le présentez comme un modèle de pénitence et d'immolation dans un temps où l'on ne rêve que fêtes et plaisirs ; vous nous invitez tous, évêques, prêtres, religieux, pères et mères de famille, ouvriers et patrons, riches et pauvres, vous nous invitez, par tous les exemples de notre Bienheureux, à estimer plus que tous les trésors le bienfait de l'éducation chrétienne, et à ne reculer devant aucun sacrifice, même celui de la vie, pour l'assurer, surtout aux enfants de l'ouvrier, en défendant les droits de la famille et de l'Église contre les usurpations sacrilèges des pouvoirs humains.

O Bienheureux ! ô Père des petits enfants et des ignorants, c'est à vos pieds, c'est dans cette ville de Lille qui vous est si chère, et qui vous a fait pendant ces jours un splendide triomphe, c'est sous les regards de notre saint Pasteur que nous jurons de défendre à tout prix la liberté des âmes rachetées par le sang de JÉSUS-CHRIST, avec l'espérance qu'après avoir été associés à votre œuvre sur la terre, nous serons associés à votre gloire éternelle au ciel. *Amen.*

TABLE.

www.ingramcontent.com/pod-product-compliance
Ingram Content Group UK Ltd.
Pitfield, Milton Keynes, MK11 3LW, UK
UKHW021107270726
13993UKWH00006B/1058